Human Angels

Geschenke des Himmels,
Lehrer des Lebens.

Life Trust.

Baden-Baden
Verleger: Andrea und Veit Lindau

1. Auflage, 2016

Autoren: Veit Lindau, Dr. Ruediger Dahlke

Alle personenbezogenen Texte des Buches wurden von Eltern, Verwandten, Freunden oder Bekannten der genannten „Human Angels“ eingereicht. Die Texte sind in jeweils inhaltlich unveränderter Form, lektoriert abgebildet und stellen nicht die Meinung des Verlegers oder einer der Autoren dar.

Lektorat: Monika Wolf
Gestaltung und Satz: Mark Schöningh
Druck: Steinmeier GmbH & Co. KG, Deiningen

ISBN: 978-3-943478-17-4
Life Trust Verlag

Alle Gewinne der Verleger dieses Buchprojektes fließen zu 100 % in die ichliebedich-Stiftung und werden für Projekte zur Potentialentfaltung von Kindern und Jugendlichen verwendet.

Ich bin nicht meine Haare,
ich bin nicht meine Haut,
ich bin die Seele, darin.

Rumi

Sie leben unter uns ...

Ein Vorwort von Veit Lindau

Meine Arbeit als Autor beglückt mich seit einigen Jahren sehr und lehrt mich auch immer wieder wichtige Dinge. Zum Beispiel, dass du dich für manche Bücher selbst entscheiden kannst und andere dich auswählen. So verhält es sich mit diesem Buch. Es wollte einfach geschrieben werden. Damit du sein Anliegen verstehst, möchte ich gern seine Geburtsstunde mit dir teilen.

Meine Frau Andrea und ich trafen uns im Mai 2015 zum Lunch und Arbeitsmeeting in einem unserer Lieblingsrestaurants. Als ich mich gegen Ende noch einmal zur Toilette begab, wurde ich unfreiwillig Zeuge einer intimen Szene. Ein Mann, Mitte 40, half seinem etwa 18-jährigen, offensichtlich mental und körperlich gehandicapten Sohn auf eine berührend zarte, liebevolle und völlig selbstverständliche Art, sein „kleines Geschäft" zu erledigen. Die Situation strahlte eine unfassbare Hingabe und Demut aus. Als ich wieder herauskam, wurde ich ganz still und musste weinen. Wir bezahlten unsere Rechnung und ich kehrte verzaubert und nachdenklich an meinen Arbeitsplatz zurück.

Im Laufe der nächsten Stunden ließ mich das Bild einfach nicht los. Ich musste an die Wunschbilder denken, die diesen Mann wahrscheinlich vor der Geburt seines Sohnes begeistert hatten und die dann an der Realität zerschellten.
Träume vom ersten Fußballspiel mit seinem Jungen.
Die Vorstellung, mit ihm wandern zu gehen,
über seine Freundinnen zu sprechen,
vielleicht einmal gemeinsam in einem Unternehmen zu arbeiten.
Unser Leben ist so kostbar und manchmal ist es auch gnadenlos.

Gerade noch träumst du den Traum einer perfekten Familie und im nächsten Augenblick lässt dich ein einziges, lächerlich winziges, minimal defektes Chromosom grausam erwachen.

Ich habe mir oft versucht vorzustellen, wie ich in so einem Moment reagieren würde – und natürlich geht das nicht. Ich kenne jene peinliche Unbeholfenheit eines nicht Betroffenen – dem im Park eine Mutter begegnet, die ihr Kind, das so alt ist wie du, unansprechbar, unbeweglich im Rollstuhl liegend, still und hingegeben vor sich herschiebt. Ich habe dabei oft einen irritierenden Mix aus unbeholfener Scham und ehrlichem Interesse gespürt.

„Schaue ich hin? Schaue ich weg? Gehe ich weiter? Spreche ich an? Stelle ich meine Fragen?" Vielleicht kennst du das ja auch. Wie gehst du damit um?

Ich habe das große Glück, durch meine Coachings und Ausbildungsklassen einige betroffene Menschen näher kennenzulernen und so einen tieferen Einblick in ihre stillen Heldengeschichten gewinnen zu können. Denn das sind diese Eltern, Angehörigen und Pflegenden für mich: wahre Helden des Alltags. Sie üben keine so spektakuläre Faszination auf uns aus wie die Superheros auf der Leinwand. Doch sie bewältigen tagtäglich Herausforderungen, vor denen Superman davonlaufen würde! Indem sie (Un-)Menschliches leisten, erinnern sie uns alle daran, zu was Menschen fähig sind.

In einer leistungs- und imageorientierten Gesellschaft, in der leider immer noch zwanghaft all jenes in die schattigen Randbezirke verdrängt wird, was nicht unseren Standards von Schön-Jung-Funktionstüchtig entspricht, haben sie sich entschieden – oft unfreiwillig – auf eine Weise zu dienen, die mich still werden lässt, wann immer ich auch nur versuche, mir ihren Alltag vorzustellen.

Ich empfinde schon lange einen tiefen Respekt sowohl für jene Menschen, die ihr Leben in einem stark gehandicapten Körper oder Geist verbringen, als auch für jene, die sie so hingebungsvoll schützen und lieben.

Doch an diesem Nachmittag im Mai empfand ich es noch einmal anders. Es war, als dürfte ich zwei Engeln bei ihrem Wirken zuschauen. Später am Abend verfasste ich darüber auf Facebook einen Post. Nichts Besonderes. Ich wollte einfach meine Gefühle teilen.

Drei Tage später rieb ich mir erstaunt die Augen, als ich die Zahlen auf Facebook sah. Bis dahin hatten fast 6 Millionen Menschen den Post gelesen. Er war über 100.000-mal gelikt und mehr als 2.000-mal kommentiert worden. Meine Fans sind üblicherweise sehr aktiv. Doch so etwas hatte ich bis dahin noch nie erlebt. Sehr viele selbst betroffene Menschen und Angehörige von Pflegeberufen meldeten sich zu Wort. Viele teilten die wunderschönen Fotos ihrer Kinder. Auch gehandicapte Personen schrieben über ihre Erfahrungen. Meine Liebste und ich lasen all die bewegenden Schilderungen und ließen uns davon berühren. Etwa eine Woche später, während einer Meditation, erschien es vor meinem inneren Auge – das Buch. Es wollte geschrieben werden und brachte seinen Titel auch gleich mit: „Human Angels".

Wir wollen mit dem Titel keineswegs physische und geistige Handicaps mystifizieren oder gar glorifizieren. Ich weiß aus ehrlichen Gesprächen mit betroffenen Freunden und Klienten auch um die dunklen Stunden der bitteren Verzweiflung, der ratlosen Erschöpfung und der wütenden Fragen. Doch was uns beim Lesen der vielen Berichte besonders auffiel, war die fast vollständige Abwesenheit von Klagen über das schwere Schicksal. Auffällig viele Familienangehörige beschrieben das Geschenk, welches ihre „besonderen" Kinder in ihr Leben brachten. Oft nannten sie ihr Kind einen Engel, der sie lehrt, die Welt mit anderen Augen zu sehen.

Ich kann nicht wirklich etwas Schlaues zu diesem Thema sagen, bin ich doch nicht persönlich betroffen. Doch als persönlich Berührte war es meiner Frau und mir eine Freude und Ehre, die Menschen um ihr Wort zu bitten, die diese Schule des Lebens direkt erfahren. Wir möchten uns an dieser Stelle ausdrücklich und stark bei all den Eltern, Pädagogen und Kindern bedanken, die unserem Ruf folgten und in diesem Buch so ehrlich berichten.

Bitte versteh dieses Projekt nicht als detaillierte Problemanalyse oder wissenschaftliche Abhandlung. Es ist ein Herzensprojekt. Menschen kommen zusammen und berichten spontan, wie es ihnen mit dieser besonderen Herausforderung ergeht.

Wir möchten mit diesem Buch auf keine Mitleidsdrüse drücken. Wir möchten dir, wenn du nicht betroffen bist, mit diesen ungeschönten und gerade dadurch oft so wundersamen Berichten eine hoffentlich bewusstseinserweiternde Perspektive auf das Leben anbieten. Ich weiß nicht, ob es Engel gibt, so wie sie in der Bibel beschrieben werden. Doch ich glaube, wir sehnen uns alle danach, die Welt hin und wieder in demselben unschuldigen Zauber betrachten zu können, wie wir es als Kinder taten.

Vertrauensvoll. Nicht wissend. Nicht bewertend.

Wenn wir unser Herz für Menschen und Tiere öffnen, die nicht unserem Raster von Schön-Stark-Richtig entsprechen, werden sie unsere Lehrer.

Sie offenbaren uns das Geheimnis wahrer Schönheit.

Sie enthüllen eine Vollkommenheit des Lebens, die sich unseren menschlichen Urteilen entzieht.

Wir nennen diese auf ihre Weise besonderen Menschen „menschliche Engel“, weil sie uns, wenn wir uns von ihnen führen lassen, an DAS große, unbekannte Mysterium jenseits unserer kleinen Konzepte von „richtig“ und „falsch“ erinnern.

Sie sind Brücken ins Beyond.

Ihr Blick ist rein.

Sie wirken wie Engelwesen, ein bisschen nicht von dieser Erde.

Sie sind gesandt, uns an das Pure zu erinnern.

An pure Unschuld. An pure Freude. An pure Wut. Egal was, alles pur.

Indem wir uns ihnen hingeben, wird unsere Liebe zu einem Feuer, in dem das kleine Ich stirbt. Übrig bleibt nicht nichts, sondern alles.

Auch deshalb haben wir uns entschieden, das Buch mit den Versen unseres Lieblingsdichters Rumi zu erweitern. Seine Worte über die Liebe erinnern uns an denselben Raum, den wir betreten können, wenn der Verstand seine Urteile loslässt und wir uns bedingungslos dem hingeben, was ist.

Unser Wunsch ist, dass dieses Buch uns alle einlädt, unsere Überzeugungen zu hinterfragen:
Was macht ein gut gelebtes Leben aus?
Was bedeutet es zu lieben?
Was ist lebenswert und was nicht?
Was bleibt übrig, wenn wir alles geben?
Was ist der tiefste Zweck unseres Daseins?
Worin besteht wahre Freiheit?
Was ist der Unterschied zwischen menschengewollter
Perfektion und natürlicher Vollkommenheit?

Wir wünschen uns auch, dass dieses kleine Buch uns alle darin schult, den Menschen, die in diesen Bereichen dienen – als Angehörige oder in Pflegeberufen – mit noch mehr Respekt, Mitgefühl und tatkräftiger Unterstützung zu begegnen.

Wenn dich das Thema persönlich betrifft, auf der dienenden oder der gehandicapten Seite, mögen dich die Berichte daran erinnern, dass du nicht allein bist. Mögen sie dir Mut machen, auf andere Menschen zuzugehen, sie aufzuklären und um Hilfe zu bitten.

Uns ist selbstverständlich klar, dass es noch viele andere Bereiche unserer Gesellschaft gibt, die dieselbe Aufmerksamkeit verdient haben, und dass sehr verschieden wirkende Engel in menschlicher Form über diese Erde wandeln. Doch dieses Buch hat uns eine klare Richtung vorgeschlagen – und der sind wir gefolgt.

Projekten, die sich mit Krankheiten, Behinderungen oder dem Tod beschäftigen, haftet oft das unausgesprochene Stigma an, nicht erfolgreich sein zu können, weil sie sich mit ungeliebten Aspekten des Lebens beschäftigen. Auch wenn dieses Buch ein absolutes Herzensprojekt ist, wünschen wir uns, dass es von vielen Menschen gekauft und gelesen wird. Zum einen, um Aufklärung zu leisten, aber auch, um konkret helfen zu können. Jeglicher Gewinn fließt zu 100 Prozent in die „ichliebedich"-Stiftung ein und wird von ihr an allgemeinnützige Organisationen vergeben, die sich Kindern mit Handicaps und ihren Familien widmen.

Ich wünsche dir ein Lesen mit offenem Verstand und fühlendem Herzen.
Danke, dass du dich berühren lässt.

In stiller Verbundenheit,

Veit

Widmung

Für alle unter uns lebenden Engel,
die uns tagtäglich still auf unsere Seele küssen
und uns so an das Mysterium der Liebe erinnern.

Agnes

19. Oktober 2011, kurz nach 22 Uhr im Kreißsaal, die Welt stand für einen Moment still, als unsere Tochter Agnes mit sehr wachen Augen zu uns kam. Wir haben so lange auf diesen Moment gewartet – und jetzt waren wir Eltern einer Tochter! Unglaublich, dieses Glücksgefühl, mein Mann und ich weinten, umarmten uns und sahen erstaunt dieses kleine Wunder in unserem Arm. Wir genossen einfach diesen Moment.

Den Namen hatten wir uns schon vorher überlegt, Agnes sollte sie heißen, nach der Uroma, er bedeutet nach dem griechischen agnos „rein, keusch, geweiht" und das lateinische agnus steht für „Lamm". Wie ein Lamm würde ich Agnes heute nicht bezeichnen, eher wie einen Wirbelwind, der unser Leben ziemlich durcheinandergebracht hat.

Am nächsten Tag wurden wir dann mit ernster Miene ins Arztzimmer gerufen, wir hatten absolut keine Ahnung, was das zu bedeuten hatte, uns wurde aber schnell klar, dass es etwas Schlimmes sein musste, so wie der Kinderarzt zu uns sprach. Worte wie „Trisomie 21", „Genanomalie", „Bluttest" und „Chromosomen" fielen und nach der Einwilligung zur Blutabnahme durften wir wieder gehen. Tausend Fragen im Kopf, Tränen in den Augen und ohne Unterstützung oder Aufklärung von irgendjemand, so blieben wir zurück.

Wir haben Agnes erst einmal in den Arm genommen, ihr gesagt, wie sehr wir sie lieben, ganz gleich, was das jetzt alles zu sagen hat und was passiert. Und wir haben gleichzeitig wie ein Mantra wiederholt: „Sie wird schon nichts haben." Ein paar Tage später bekamen wir den Anruf, dass sich der Verdacht bestätigt hätte, wir sollten vorsichtshalber zum Ultraschall kommen, da „diese" Kinder oft einen Herzfehler hätten, der operiert werden müsse. Auch das bestätigte sich: Agnes wurde mit fünf Monaten in München operiert.

Jetzt, fast vier Jahre später und mit dem Wissen, das wir heute haben, ist diese Zeit vergessen. Wir haben in den letzten Jahren so viel Positives erlebt, ich habe eine andere Sicht auf das Leben bekommen! Es kommt nicht darauf an, ob man mit zwölf Monaten läuft oder, wie Agnes, mit dreieinhalb Jahren – ich habe mich schnell von sämtlichen Entwicklungskalendern und Listen verabschiedet, Agnes hat ihren eigenen Plan. Wir können sie zwar fördern durch Logopädie, Physio und vieles mehr, aber am allermeisten lernt sie von ihrem Papa und ihrer Mama, den Großeltern, den anderen Kindern im Kindergarten und gemeinsamen Erlebnissen, wie beispielsweise in unseren Urlauben im Disneyland, über die ich schon jetzt ein Buch schreiben könnte. Wir gehen lieber schwimmen, als noch eine Therapie zu machen. Agnes' Lachen und ihre Art zu kommunizieren geben uns das Gefühl, dass wir das meiste richtig machen, wir behandeln sie wie jedes andere Kind auch, denn jedes Kind ist etwas Besonderes. Und trotzdem denke ich, dass sie eine Art „Mission“ hat: Sie liebt andere Menschen, bringt sie zum Lachen, auch wenn sie vorher grantig geschaut haben: Sie ist „einfach Agnes“.

Das Geschenk

Wenn man das Lachen und die blitzenden Augen von Agnes sieht, ist dies schon das größte Geschenk. Dazu kommen viele Begegnungen mit tollen Menschen weltweit, die sich gegenseitig ihre Familiengeschichten erzählen: Wir dürfen durch Agnes an so viel Bewegendem teilhaben!

Wir sind dankbar, dass die Herz-OP so gut verlaufen ist, dass es die Ronald-McDonald-Häuser gibt für unsere Familien und Freunde, die alle enger zusammengerückt sind. Wir freuen uns über jeden kleinen Fortschritt und lachen bestimmt mehr, als wir es jemals zuvor getan haben.

Seele

Nur die Seele weiß, was Liebe ist.

Rumi

Andreas

Und plötzlich war alles anders ...

Eigentlich kennt man doch alles, wenn man sein zweites Kind erwartet – dachte ich! Doch die Schwangerschaft verlief gänzlich anders, nicht so reibungslos, nicht so leicht. Trotzdem kam mir nie der Gedanke, dass etwas „nicht in Ordnung" sein könnte. „In der heutigen Zeit mit DEN medizinischen Möglichkeiten kann das doch gar nicht sein", sagten alle!

Knall auf Fall kam ich drei Wochen vor dem Geburtstermin wegen extrem niedriger Hb-Werte in die Klinik. Eine Woche später kam Andreas am 11.11.1986 auf die Welt. Kaum geboren, kam er sofort in die Kinderklinik, die sich zum Glück im Nebengebäude befand, denn so konnte ich zu ihm, wann immer mir danach war. Niemand konnte uns sagen, was Andreas hatte.

Da lag nun mein Sohn im Brutkasten, ein Ärmchen nach oben gebunden (wegen der Steißlage brach bei der Geburt sein rechtes Ärmchen), völlig hypoton. Krampfanfälle kamen hinzu. Beinahe drei Monate musste Andreas über eine Sonde mit Muttermilch ernährt werden, weil er zu schwach zum Saugen war. Und den Moment, als man uns sagte, dass er sterben würde, werde ich nie vergessen! „Dann lieber heute als morgen", war mein erster Gedanke. Und doch wollte ich das nicht akzeptieren. Nach fast fünf Monaten durfte Andreas heim. Es begann die Zeit der zahllosen Therapien: Krankengymnastik, Logopädie, Ergotherapie, Kliniken, Ärzte, Therapeuten.

Und immer die Hoffnung, dass Andreas „normal" wird. Nach sechs Jahren dann die Diagnose: Prader-Willi-Syndrom. Obwohl die Diagnose ein Hammer war, hatte das Anderssein jetzt einen Namen. Sitzen, laufen, sprechen, Farben lernen: Jeder Fortschritt wurde hart erkämpft, alles brauchte viel Üben, viel

Geduld. Aber die Freude, wenn Andreas etwas gelernt hatte, war der Silberstreifen am Horizont. Doch die Entwicklungsschere öffnete sich unaufhaltsam. Mit jedem Jahr wurde uns mehr vor Augen geführt, dass Andreas anders war. Andreas kam in die Förderschule (damals war Inklusion noch kein Thema), lernte lesen und schreiben. Nach fünf Jahren ging auch dieser Weg zu Ende und Andreas kam in die Kreissonderschule für körperlich und geistig behinderte Kinder. Ich kann mich noch gut an den Tag erinnern, als ich zum ersten Mal in der großen Pause dort war. Verzweiflung und eine unendliche Traurigkeit machten sich breit. Andreas zwischen all diese behinderten Kindern? „Er gehört doch nicht hierher!“ Auch für ihn war es eine große Umstellung. Doch bald fühlte er sich wohl. Und es veränderte sich etwas. Ich begann „anzunehmen“ ... und zu bemerken: die Freude, das Lachen, das Weinen. All diese Gefühle der Schüler waren so ehrlich, haben mich begeistert und tief berührt. Auch wenn der Alltag durch Andreas‘ ausgeprägte Esssucht und sein Verhalten viel Kraft kostete, hatten wir doch stets viel Spaß und viel miteinander gelacht. Es hat zwar 20 Jahre gedauert, aber dann konnte ich mich damit aussöhnen, ein behindertes Kind zu haben. Heute lebt Andreas in einem Heim, in dem nur Menschen mit dem PWS-Syndrom leben. Er hat dort seinen Platz gefunden und 85 kg abgenommen. Er lebt in einem für ihn guten Umfeld SEIN eigenständiges und zufriedenes Leben.

Das Geschenk

Während ich dies schreibe, kommen mir die Tränen – über das, was wir gemeinsam er- und durchlebt haben. Aber auch große Dankbarkeit steigt in mir auf für das, was ich durch Andreas gelernt habe: eine tiefe Sicht auf das „Leben“.

Christine, Ralf & Andrea

Mein Name ist Ingrid Feix, ich bin an MS erkrankt, halbseitig gelähmt, im Rollstuhl sitzend. Meine Human Angels sind meine Tochter Christine (33), ihr Lebenspartner Ralf und meine Tochter Andrea (30). 1997 war ich alleinerziehend, meine Töchter im Alter von 16 und 13 Jahren. Es war für sie eine schwere Zeit. Neben der Scheidung ihrer Eltern mussten sie ertragen, dass sich ihr Vater seiner neuen Frau und zwei weiteren Töchtern zuwandte und seine erstgeborenen Töchter kaum beachtete.

Und als ob das noch nicht genug wäre, erkrankte mitten in diesem Schlamassel ihre Mutter an MS – und dies sogar sehr schlimm, denn sie hatte einen Schub nach dem anderen, weil ihre heißgeliebte Mutter das Leid nicht mehr anders verarbeiten konnte, das sie zu verdauen hatte durch ihre Überforderung, bedingt durch den gelebten Hass ihrer Exfamilie und ihrer eigenen Eltern.

Wie schwer ist es mir gefallen, das alles zu verarbeiten, meine eigene Therapie, die notwendig gewesen ist, um meine sehr schlimme, gewaltvolle Kindheit aufzuarbeiten und nochmals diese schlimmen Erfahrungen zu durchleben – dies alles mit der Absicht, eine gute, liebevolle Mutter zu sein, die ihre Familiedynamik beendet und nicht weitergegeben hat.

Meine Töchter haben erfahren, was es bedeutet, eine körperlich behinderte Mutter zu haben, die Hilfe benötigt. Sie haben es hautnah mitbekommen, was für Einschränkungen es mit sich bringt, wenn der einzige Elternteil, der für sie wirklich präsent und da ist, körperlich behindert ist. Ich habe jeden Tag aufs Neue gesehen und erfahren, wie die unbeschwerte Kindheit meiner Töchter doppelt belastet war, ich fühlte ihren Kummer und Schmerz. Meine Töchter haben sich sehr bemüht, mir beizustehen, mir die Handgriffe abzunehmen, die ich nicht mehr alleine erledigen konnte – und dies, bevor ihre Schulzeit bzw. ihr Studium morgens begann und später am Tag, wenn sie wieder zu Hause waren.

In dieser schweren Zeit ist etwas Grandioses entstanden: Meine Töchter fingen an, diesen Umstand nicht mehr als negativ zu betrachten. Sie erkannten, dass es im Leben etwas Wichtiges gibt – und zwar in Liebe füreinander da zu sein, sich zu vertrauen, zu wissen, wir können uns aufeinander verlassen. Es hat uns zusammengeschweißt, es hat unsere Liebe füreinander vertieft. Und jetzt bereichert ein weiterer Engel, Ralf, der Lebenspartner von Christine, mein Leben, indem er eine Wohnung in Wiesbaden, in der Nähe seines eigenen Heimes, gekauft hat, um mir ein gutes und leichteres Leben zu ermöglichen. Diese Wohnung ist schwerbehindertengerecht, auf meine Bedürfnisse und Einschränkungen zugeschnitten – an alles hat er gedacht, was mir mein Leben erleichtern soll. Und ich bin ihm unendlich dankbar dafür. Ich schreibe diese Zeilen in Demut und Dankbarkeit für Ralf, Christine und Andrea, für all ihre Liebe, Kraft und Hilfe, die ich durch sie erfahren habe und weiterhin erhalte.

Das Geschenk

Meine drei Engel in meinem Leben lassen mich fühlen, wie sehr sie mich lieben, was sie bereit sind zu tun, um mir mein Leben als körperlich eingeschränkter Mensch zu erleichtern und mir zu zeigen, dass mein Leben auch mit MS und im Rollstuhl sitzend lebenswert ist, dass Leid bewältigt wird durch Liebe, Kraft und Zusammenhalt und wie schön es ist, für sich und andere stark zu sein und zu bleiben, wie viel Hoffnung und Freude dies bringt.

Treue

Treue

Auch wenn ich meine Augen schließe,
Du bist immer noch in meinem Herzen.
Du gehst nicht weg von dort.

Rumi

Angelina

Ich möchte euch gerne von meinem Human Angel Angelina berichten – mir fällt gerade auf, wie passend ihr Name ist. Unser Kullerkeks ist fast 17 Jahre alt und auf dem geistigen Stand einer Zweijährigen. Sie ist etwas ganz Besonderes: ein Baby im Körper einer Erwachsenen. Angelina ist immer fröhlich und gut drauf, ein Sonnenschein, der uns lehrt, die Welt mit anderen Augen zu sehen. Ich gebe zu, dass der Anfang schwer gewesen war. Als wir erfahren hatten, dass Angelina „anders“ ist, hat es uns den Boden unter den Füßen weggerissen – es war wie ein Schlag vor den Bug.

Das Anderssein zu akzeptieren, es zu verstehen und es vor allem anzunehmen, war sehr, sehr schwer. Und dennoch: Es ist nach und nach etwas ganz Besonderes geworden, etwas Einzigartiges, ein Wunder – unser Wunder. Es war das Beste, das uns hat passieren können!

Angelina gibt uns so viel Zuversicht, Freude, Weitblick und sie öffnet die Herzen. Jeder, der sie kennenlernt, bestätigt uns, wie viel Liebe und Glück sie ausstrahlt und dass es ein Segen ist, sie kennenlernen zu dürfen.

Es ist nicht leicht mit einem solchen Kind, denn wir haben mit so vielen Vorurteilen und Anfeindungen zu kämpfen, die Behörden legen einem Felsbrocken in den Weg, der Kampf mit den Krankenkassen und vor allem, dass wir von allem und jedem allein gelassen werden, zermürben einen, aber dennoch hat man ein ganz tolles Wesen an seiner Seite, wofür zu kämpfen sich trotz schwindender Kräfte lohnt, da gerade diese Kinder es wert sind, akzeptiert und geliebt zu werden. Diese Kinder zeigen uns, dass es nicht viel braucht, um glücklich zu sein, als nur tiefe und bedingungslose Liebe.

Das größte Problem dabei ist, dass in unserer Gesellschaft nur das Äußere gesehen wird: das lachende Kind, die fröhliche Mama, die alles aufopfert – aber wie viel Kraft und Aufopferung dahinterstecken und dass man als Betroffener sein Leben nur noch nach seinem Kind richtet und nach außen hin immer den Starken miemt, um nicht als schwach dazustehen, das versteht niemand, leider.

Ich selbst jedoch ziehe viel Kraft aus meinem Kind. Angelina ist mein persönliches Wunder, für das ich alles geben würde, für das ich mich gerne aufgebe und nach dem ich mein Leben ausrichte. Sie zeigt mir, dass das Leben trotz alledem schön sein kann, dass man nicht immer alles als selbstverständlich hinnehmen, sondern einfach nur dankbar für das sein sollte, was man hat.

Alles hat seinen Sinn, auch Human Angels haben ein RECHT, da zu sein: Und wenn ihr das nächste Mal einen besonderen Menschen seht, schenkt ihm ein ehrliches Lächeln – Mitleid können sie nicht gebrauchen! Interessiert euch für sie und schaut nicht beschämt zur Seite.

Das Geschenk

Das größte Geschenk ist Angelina selber, jeder Mensch ist auf seine Art und Weise besonders. Sie hat uns gelehrt, die Welt nicht für selbstverständlich anzunehmen, wir haben gelernt, dass das, was für andere „normal" ist, für uns einen riesigen Fortschritt bedeutet: Jedes neue Wort, jedes Lächeln, jedes „Mama, hab dich lieb" ist etwas ganz Tolles. Jeder Tag mit unserer Maus ist immer ein Segen.

Christoph & Stefan

Christoph und Stefan sind meine Human Angels, meine ganz persönlichen Helden. Ich war 26 Jahre alt, zum ersten Mal schwanger und hatte ganz konkrete Vorstellungen, wie mein Leben sein sollte. Aber dann wurden es zwei Kinder – zwei extrem frühe Frühchen, zwei Therapiekinder.

So platzen Lebensträume. So bekommt man Lebensaufgaben. Ich weinte viel und irgendwann nahmen mein Mann und ich die Aufgabe an, diese kleinen Wesen in die Welt zu bringen und für sie zu kämpfen. Dass die Kinder behindert sein würden, war zuerst nie ein Thema. Man wächst da hinein und hat wenige Menschen, die einen anfangs unterstützen.

Wir haben unter Ärzten und Therapeuten sehr leiden müssen, aber auch genauso Perlen gefunden, die uns aufgefangen haben und uns Mut gemacht haben. Wir haben viel im Ausland therapiert und es war erfolgreich: Wir konnten den Kindern eine Lebensqualität ermöglichen, die es nur mit deutschen Methoden so nicht gegeben hätte. Dieser Weg wäre ein eigenes Buch wert.

Christoph ist geistig behindert und spastisch gelähmt, sitzt im Rollstuhl, kann nichts alleine verrichten, aber er kann sprechen und ist ein Sonnenschein mit einem ironischen Humor und – er flirtet gerne. Stefan hat eine emotionale Behinderung, galt als lernbehindert und ADSler. Er wird seinen Weg ins Leben noch finden – in seiner zweiten Ausbildung zum Heilerziehungshelfer.

Wir haben eine spirituelle Ausrichtung und Bewusstwerdung erleben dürfen, die wir mit einem gesunden Kind sicherlich nie gehabt hätten. Wenn man sieht, wie so kleine Frühchen sich ins Leben kämpfen, wie sie uns auf ihre Weise viel aufgezeigt haben, um zu wachsen und zu lernen, bin ich voller Dankbarkeit und Demut. Sicher hätte ich vieles gern weniger mit der Holzhammermethode verstanden, aber es war wohl so richtig für uns. Wir sind durch alle Trauerphasen gegangen, vom Nicht-Wahrhaben-Wollen bis zur Annahme, mit Flehen und Hadern und mit Beten und Danken.

Ich bin darüber zur Heilpraktikerin für Psychotherapie mit spiritueller Begleitung geworden und arbeite noch ehrenamtlich in der Notfallseelsorge. Ich möchte gern etwas zurückgeben an die Menschen und für sie da sein, weil ich dies auch ein paar Mal erleben durfte in meiner tiefsten Trauer und Verzweiflung. Ich hätte gern die Chance auf ein gesundes Kind gehabt, aber dies und vieles mehr durfte jetzt nicht sein.

Meine Kinder sind jetzt fast 26 Jahre alt und ich kann das kaum erfassen, wie die Zeit uns verändert hat. Wollte ich so werden? Ich hatte keine Ahnung davon, was alles in mir steckt und zu was wir alle fähig sind. Ich habe gelernt, mir nicht alles gefallen zu lassen, mich vor die Kinder zu stellen und zu kämpfen. Ich danke Gott für diese Kinder aus vollem Herzen. Ich danke den Kindern für die Entscheidung, das Leben so auf sich zu nehmen, damit wir uns ganz neu entwickeln durften.

Ich liebe euch!

Das Geschenk

Diese wunderbaren Wesen haben mich gelehrt, im Leben stark zu sein, mich durchzukämpfen und ohne Bedingungen zu lieben. Diese Liebe ist so stark, dass sie durch nichts zu erschüttern ist. Meine beiden Helden sind so tapfer, in diesem Leben zu bestehen: Ihre Handicaps zu akzeptieren, ist immer noch ein Prozess, dem sie sich täglich stellen.

Liebe

Liebe

Der Verstand ist machtlos angesichts der Liebe. Liebe allein ist fähig,
die Wahrheit der Liebe zu enthüllen und Liebende zu sein.
Wollt ihr leben, so sterbt in Liebe.
Fragst du: „Was ist Liebe?“, sage ich:
“Den Eigenwillen aufzugeben.“

Rumi

Antonia

Kleine Kriegerin des Lichts – Antonia, 13 Jahre

„Denn er hat seinen Engeln befohlen ...", so begann der Taufspruch der damals kleinen Antonia, die zu dem Zeitpunkt als „gesund" galt. Es war, als wenn wir gewusst hätten, dass sie diese Begleiter einmal sehr nötig haben würde, denn sie war, was wir nicht ahnten, selbst eine kleine Kriegerin des Lichts.

Mit vier Jahren wurde bei ihr eine schwere Epilepsie diagnostiziert. Ihre Zwillingsbrüder waren drei Jahre alt. Im Laufe der Jahre nahmen die Ausmaße der Krankheit zu. Sie brachten Antonia acht Monate ins Krankenhaus und versetzten sie täglich in Lebensgefahr. Wir wussten morgens nicht, ob sie mittags noch lebt. Die Zwillinge mussten permanent auf ihre Mama verzichten, weil wir viel in Krankenhäusern waren. Antonia ist geistig retardiert und braucht besondere Förderung.

„Ihre Tochter ist auffallend freundlich! Es gibt eine genetische Erkrankung, die dieses ‚Symptom' hat und Epilepsie auslöst!" Bisher dachte ich immer, dass eher auffallend unfreundliche Menschen genetisch weniger „Glück" gehabt hätten ... – nein, Antonia IST so – kein Genfehler! Sie fängt keinen Streit an, sie ärgert niemanden. Sie trägt diese Krankheit und sie kämpft jeden Tag 24 Stunden. Denn vor etwa drei Jahren haben wir ihre Ernährung komplett umgestellt. Sie lebt ohne Kohlenhydrate und darf nie auch nur 1 g mehr essen als abgewogen. Etwa 5 cm Gurke haben 1 g Kohlenhydrate. Sie darf 12 g am Tag. Sie isst keine Süßigkeiten mehr – nie! Sie sagt: „DAS ist meine letzte Chance!" Seitdem hat sie 75 % weniger Anfälle, sie geht mit ihren gesunden Brüdern in eine Klasse – wird an einer Waldorfschule integrativ beschult.

Antonia versteht die Schwere ihrer Krankheit. Sie weiß, dass sie „anders" ist und für alles mehr kämpfen muss. Sie weiß, dass sie leben und Liebe verschenken möchte. Sie ist glücklich. Und es ist so besonders, dass sie so ist. Sie hat keine Aggressionen und ist vollkommen „rein". Manchmal denke ich, dass sie ohne die Krankheit zu „perfekt" wäre – da muss es einen Haken geben.

Sie teilt ihre Liebe mehr als meine anderen drei Kinder, die allesamt besonders sind. Aber eben nur sie ist krank und dadurch behindert.

Antonia hat uns gelehrt, dass das Leben keine gerade Schnur ist, kein Hollywoodfilm! Dass man keinen „Lebensplan" schmieden und leben kann, weil es immer Faktoren gibt, die man nicht auf dem „Zettel" hat. Wir sind an ihr gewachsen und verzweifelt, denn das eigene Kind so krank zu sehen und diese lebensgefährlichen Anfälle zu ertragen, ist für alle schlimm. Durch Antonia hat sich das Umfeld selektiert.

Es war ein Schock, dass unser Leben immer anders sein wird! Aber die Zeit macht sichtbar, dass man mit der Kraft eines Engels an der Seite alles schafft. Niemand hat gesagt, dass es leicht ist, einen Engel im Leben haben zu dürfen. Das Privileg ist schon besonders.

Das Geschenk

Antonia atmet Liebe in uns hinein. Sie kennt keine Aggressionen. Sie lässt uns spüren, was im Leben wirklich zählt, was den Menschen weich und herzlich macht. Durch sie mussten wir das Leben umkrempeln und lernen, dass nicht alles wie geplant im Leben läuft. Das Leben ist bunt und hat viele Formen von Glück. Wir freuen uns über die Kleinigkeiten des Lebens und können unsere vier Kinder durch Antonias Geschenk des Lebens viel intensiver genießen. Antonia zeigt uns, dass das Leben Liebe ist.

Daimon

Daimon ist jetzt drei Jahre alt, in der 35. Schwangerschaftswoche wurde festgestellt, dass etwas nicht stimmt, keiner konnte sagen, was genau ihm fehlt. Es hieß nur „etwas zu viel Hirnwasser". Erst bei der Entbindung hatte ich Klarheit: Es war ein offener Rücken und zu viel Hirnwasser, woraufhin er direkt neun Stunden lang operiert worden war. Ich hatte ihn nur auf einem Foto gesehen, weil er zur OP verlegt wurde. Ich wusste immer, dass er es schafft, weil er ein Kämpfer ist. Erst am nächsten Tag durfte ich auf der Intensivstation meinen Engel sehen und auf dem Arm halten.

Es nahm kein Ende: Daimon musste 18 Kopf-OPs über sich ergehen lassen, denn mit sechs Jahren hatte er eine Hirnhautentzündung. Für uns bedeutete das zweieinhalb Jahre Krankenhaus. Jedes Mal nach den OPs lächelte er mich an und ich wusste, dass es einen Gott gibt. Er nahm mir die Angst mit seiner bezaubernden Art. Daimon war für mich nie „anders", nur besonders.

Natürlich waren Ängste da, aber als Mutter funktioniert man und ist immer für sein Kind da. Mir wurde bewusst, dass ich für ihn stark sein muss, oft habe ich nachts geweint, aber nach einem Lächeln von ihm hatte ich immer wieder neue Kraft.

Ich habe viel von Menschen hören müssen, die keine Ahnung haben, was das alles heißt, aber das hat mich noch stärker und selbstbewusster gemacht und mir viel Kraft gegeben, für ihn da zu sein.

Weil ich alleinerziehend bin, konnte ich nicht viel reden. In der Zeit habe ich gemerkt, wie wichtig gute Freunde sein können. Wenn ich Daimon heute sehe, wie viel Kraft und Energie er ausstrahlt und wie er kämpft, um doch laufen zu können, macht mich das stolz.

Ich danke meinem Sohn dafür, dass er mir so viel zurückgibt durch seine Art und Weise, die Leute zum Lachen zu bringen. Er ist ein superfröhliches Kind, trotz seinem schweren Start in das Leben. Wenn ich traurig bin, tröstet er mich mit den Worten: „Alles wird gut!“

Kleine Fortschritte sind für uns das größte. Im Juni 2015 stand noch eine Hüft-OP an und keiner konnte sagen, ob es seine letzte OP im Leben sein würde. Dies zu hören war hart, aber wir haben gelernt, das Beste daraus zu machen, jeden Tag gemeinsam zu genießen und viel zu kuscheln.

Er besucht eine Regelkita und wie er dort aufgenommen wurde, das wünsche ich mir von allen Menschen im Leben – ohne Vorurteile und dumme Sprüche. Seitdem sein Rolli da ist, ist er noch aufgeweckter als zuvor. Es wird immer Höhen und Tiefen geben in unserem Leben, aber mit so einem Engel an der Seite kann es nur schön werden – und wir werden alles zusammen durchstehen. Die Bindung zwischen mir und Daimon ist so groß, dass sich das andere Menschen gar nicht vorstellen können.

Das Geschenk

Daimon hat mir gezeigt, wie wertvoll ein Leben sein kann und wie unwichtig andere Dinge werden können, wie wichtig es ist, zusammenzuhalten. Man sollte keine Vorurteile über Menschen treffen, sondern sie erst einmal richtig kennenlernen.

Mir war nicht bewusst, was man alles von besonderen Kindern lernen kann – aber das hat Daimon mir gezeigt: jeden Tag zu genießen und Spaß am Leben zu haben – und immer nach vorne zu schauen.

Schönheit

Schönheit

Finde das Schöne in deinem Herzen,
auf dass du es in jedem Herzen entdeckst.

Rumi

Balbina

Mein „Human Angel" heißt Balbina Linke. Sie ist 18 Jahre alt und damit genauso alt wie ich. Ich bin Jasmin. Und möchte nach meinem Abitur Heilpädagogik studieren. Warum? Mein Papa arbeitet in einem Pflegeheim für behinderte Menschen. Dort bin ich so gut wie jede Woche oder dann, wenn ich ein Praktikum absolviere. Balbina ist wie eine Schwester für mich geworden. Ihre Eltern haben sie in das Pflegeheim gegeben, weil es für sie zu Hause zu viel Stress wurde. Sie sitzt im Rollstuhl und kommuniziert nonverbal mit vielen Gesten. Gerne gehen wir zusammen spazieren, knuddeln zusammen oder essen etwas Süßes.

Eine besondere Situation brachte mich zum Weinen: Immer, wenn mein Papa zur Arbeit kommt, wartet Balbina bereits mit dem Rollstuhl an der Tür, um ihn zu empfangen. Die beiden haben eine sehr enge Bindung zueinander aufgebaut. Herzlich nennt sie ihn sogar „Papa". Eines Tages, als ich von Arbeit kam und durch das Pflegeheim ging, stand sie wieder da und wartete. Doch mein Papa hatte frei ... Als ich ihr das sagte, war sie sehr traurig und wollte mich nicht gehen lassen. Ich hätte sie am liebsten mit nach Hause genommen! Es brach mir das Herz, sie so traurig zu sehen ...

Deshalb ist es mir besonders wichtig, mit behinderten Menschen zu arbeiten: Zur Arbeit zu kommen, mit ihnen spielen, sie zu sehen und einfach mit ihnen Spaß zu machen, ist das größte Glück, das mir passieren konnte. Ich liebe diese Arbeit mit behinderten Menschen, weil sie mich vervollständigt, weil sie mich erfüllt, weil es die Arbeit ist, die ich mein ganzes Leben machen möchte! Es ist einfach wunderbar.

Jeder Human Angel ist einzigartig und verdient, geliebt und beachtet zu werden!

Das Geschenk

Diese Menschen bestätigen mich jeden Tag darin, diesen Beruf durchzuführen. Zur Arbeit zu gehen mit einem Lächeln und nach Hause mit einem tränenden Auge. So ist es und so soll es sein. Ich liebe die Arbeit mit jedem einzelnen Human Angel ...

Darleen Ophelia

Mit 25 Jahren erwartete ich mein erstes Kind – ein Mädchen mit dem Namen Darleen Ophelia. In der 21. Schwangerschaftswoche wurde alles anders: Das Mädchen, auf das ich mich so gefreut hatte, kam anders auf die Welt. Sie hat das Down-Syndrom. Anfangs war es ein Schock und ich habe viel geweint. Ich fragte sie immer wieder: „Mein Baby, möchtest du so leben?" Und immer wieder spürte ich, dass sie leben wollte – genauso, wie sie ist.

Es folgten engmaschige Untersuchungen. Mein Baby war vollkommen gesund – mit einem Chromosom mehr. Am 22.12.2011 kam sie zur Welt – dieses kleine Wunder, das ich seit der Diagnose noch mehr liebte, lag in meinen Armen. Sie sah mich mit ihren riesigen blauen Augen an, ihre große Zunge spielte um sich, sie nuckelte an ihrem Finger. „Was ist an ihr so anders?", habe ich mich gefragt. Sie ist ein vollkommener Mensch, der mich so viel Liebe hat spüren lassen, wovon ich bis dahin nicht geahnt hatte, dass ich so etwas empfinden kann.

Anfänglich war es schwer zu akzeptieren, viele Fragen durchbohrten meinen Kopf, doch es war schnell vorbei. Darleen ist der Sonnenschein der Familie, so wahnsinnig unkompliziert, so liebevoll. Sie ist eine kleine Entdeckerin, die es jedem zeigen wollte, dass sie mehr kann, als man ihr zutraut.

Sie entwickelte sich großartig: Ihre strahlenden Augen, ihr Lachen, welches aus vollem Herzen kam, kehrten sich auch schnell ins Gegenteil um. Sie kann ganz schön wütend werden, wenn sie etwas machen möchte, es aber nicht schafft. Das hat mich oft traurig gemacht, sie so zu sehen, aber zusammen haben wir alles geschafft, was sie erreichen wollte – und dann möchte sie großes Lob haben! Sie selbst ist so wahnsinnig stolz auf sich, wenn sie ihr Ziel erreicht hat.

Pünktlich zur Geburt ihrer Schwester, Emilia, konnte Darleen laufen. Als Darleen ihre Schwester zum ersten Mal sah, gab sie ihr den allerersten Kuss. Diese Geschwisterliebe ist einfach unbezahlbar und Darleen lernt so viel von ihrer kleinen Schwester. Kurz nach ihrem zweiten Geburtstag diagnostizierte man bei Darleen Leukämie. Der erste Chemoblock läuft und Darleen wird zunehmend kränker. Schnell fand man heraus, dass Darleen einen der schlimmsten Lungenviren hatte – und dazu noch kein Immunsystem. Dies war eine sehr schlechte Prognose für mein Baby.

Binnen kurzer Zeit wurde sie ins Koma verlegt und beatmet und später wurde sie an die künstliche Lunge angeschlossen, sie drohte zu sterben. Die Ärzte gaben die Hoffnungen auf, „zwei Wochen“ hieß es, jeder Tag konnte ihr letzter sein. Gegen alle Vorstellungen der Ärzte hat mein Mädchen dem Tod den Rücken gekehrt! Ohne Folgeschäden wachte sie nach vier Wochen auf und alle Ärzte standen um sie herum, um dieses Wunder zu betrachten.

Und sie ist ein Wunder, sie hat etwas überlebt, was kaum ein Mensch schafft. Sie blieb bei mir, sie wollte leben und mir weiterhin ihre besondere Welt zeigen. Ich bin wahnsinnig stolz, dass ich sie auf diesem wunderbaren Weg begleiten darf.

Das Geschenk

Früher gab es für mich eine Welt als Ganzes. Heute sehe ich 100 verschiedene Welten auf diesem Planeten. Wir sind in einer Welt gelandet, in der die Zeit Geduld heißt, wo ein Meilenstein Monate dauern kann und die Freude auf beiden Seite groß ist – in der nichts mehr selbstverständlich ist. Durch Darleen weiß ich, was wahre, reine und ehrliche Liebe ist. Sie zeigt mir, wie man mit starkem Willen an sein Ziel kommt, obwohl die Umstände es kaum zulassen. Es gibt keine Vergleiche: Jeder Mensch ist vollkommen und einzigartig.

Wahrheit

Wahrheit

Ganz im Geheimen sprachen der Weise und ich.
Ich bat ihn: Nenne mir die Geheimnisse der Welt.
Er sprach: Schweig … und lass dir von der Stille
die Geheimnisse der Welt erzählen.

Rumi

Benedikt

Mein Engel Benedikt ...

... hat nur sechs Wochen auf der Erde gelebt, doch in dieser kurzen Zeit mein Leben so stark verändert, dass ich ihm bis zu meinem letzten Tag dankbar sein werde.

Er kam völlig unerwartet mit Trisomie 21 zur Welt, war drei Wochen auf der Intensivstation, mit Nadeln im Kopf, Schläuchen in der Nase, Lärm um sich herum. Ich durfte ihn nur durch ein Loch im Brutkasten berühren. Meine Milch pumpte ich ab, nachts musste ich gehen. Welch eine Qual, sein Baby stundenlang inmitten all der piepsenden Geräte allein zu wissen.

Eine große Hilfe war der Seelsorger der Klinik, der ganz pragmatisch sagte: „Sehen Sie es von der positiven Seite. Jetzt haben Sie einen Behindertenausweis und bekommen immer einen Parkplatz!" Das klingt vielleicht schräg, aber für mich war diese Aussage wie ein Aufwachen: klar sehen, handeln, machen, sich mit den Tatsachen auseinandersetzen – nicht jammern und leiden!

Sein Vater, seine große Schwester und ich feierten ein großes Fest, als er endlich nach Hause durfte, und wir bereiteten ihm ein liebevolles Nest.

Er hatte einen Herzfehler und wir mussten viele Termine für OPs, Therapien usw. vereinbaren. In der Nacht vor der ersten Operation nahm ich ihn zum Stillen zu mir ins Bett und schlief dabei ein. Am nächsten Morgen lag er tot in meinen Armen.

Ist es nicht ein wunderbarer Tod, an der Brust der Mutter einzuschlafen? Sein Herz hörte einfach auf zu schlagen, bevor das ganze Brimborium losgegangen wäre.

Nach dem ersten Schmerz spürte ich so deutlich, dass es ihm gut ging, dass ich ihn „sah“:

Einer Frau, die mit beiden Beinen auf dem Boden stand, wurde von einer Sekunde zur anderen bewusst, dass es viel mehr zwischen Himmel und Erde gibt, als wir mit unseren Augen und unserem begrenzten Verstand wahrnehmen.

Seine Beerdigung wurde, sehr zur Verwirrung einiger Familienmitglieder, ebenfalls zu einem Fest, auf dem meine Schwestern und ich weiß gekleidet waren und neben unserer Trauer auch Freude darüber zeigten, dass unser Engel so bald WIRKLICH nach Hause durfte.

Leben und Tod, anders sein – und doch ein Mensch wie alle ... Benedikt vereint für mich bis heute das Paradox der Welt.

Das Geschenk

Mein Engel Benedikt hat mich den Umgang mit Schmerz, Leid, Scham und Liebe gelehrt und mich geöffnet für die Schönheit von Leben und Tod.

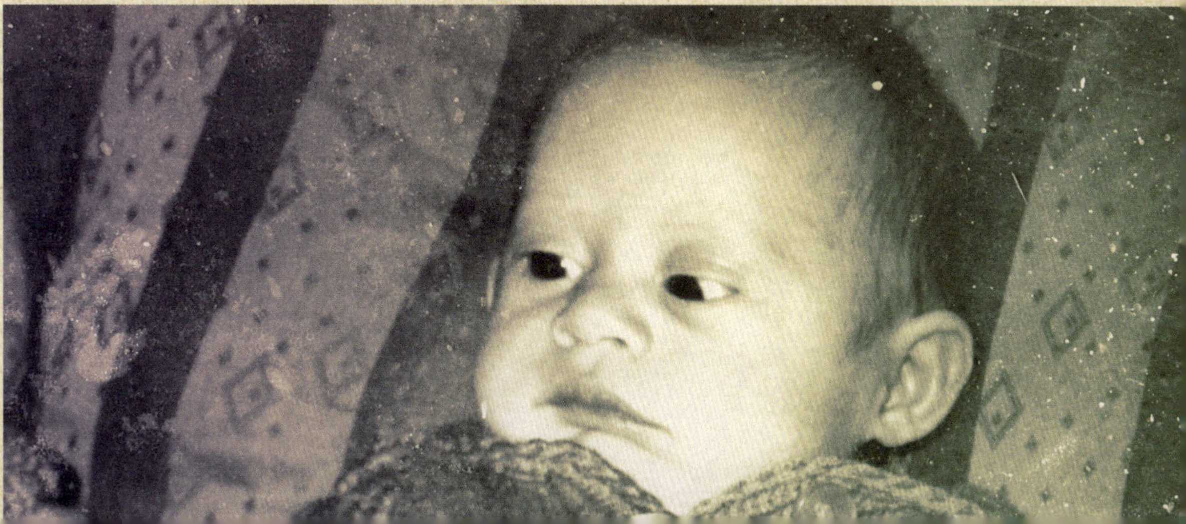

Fabian

Am 24.08.2005 erblickte mein großer Sonnenschein Fabian nach einer komplizierten Schwangerschaft mit 1235 g und 38,5 cm das Licht der Welt. In der 31. Schwangerschaftswoche hatte ich einen vorzeitigen Blasensprung und eine Notsectio, weil ich Wassereinlagerungen in der Lunge hatte. Wir wussten schon vor der Geburt, dass er eine beidseitige Lippen-Kiefer-Gaumenspalte (LKGS) hat und dass irgendetwas mit dem Darm nicht stimmt. Nach der Geburt lag ich drei Tage im künstlichen Koma. Fabian hatte zusätzlich zur beidseitigen LKGS eine Duodenalatresie, einen kompletten Darmverschluss ohne Enddarmausgang, Fehlbildung von Sehnen und Muskulatur. Ich war nach acht Tagen wieder fit und wurde entlassen. Fabian wurde sechs Tage nach Geburt operiert und bekam einen künstlichen Darmausgang. Bis Mitte September lag er auf der Intensivstation und danach bis Ende November auf der Frühchenstation inklusive Armbruch, bis er endlich nach Hause durfte.

In den nächsten zwei Jahren hatte er immer wieder OPs von Darm und Lippe, Kiefer und Gaumen. Seine Ernährung und Grundversorgung waren sehr mühsam und anstrengend. Sehr viele schöne, aber auch traurige Momente haben wir gemeinsam erlebt. Zwischenzeitlich diagnostizierten die Ärzte eine Blasenentleerungsstörung mit einem Reflux des Harnleiters dritten Grades. Er bekam immer wieder im Abstand von ein bis zwei Monaten Harnwegsinfekte und chronische Nebenhodenentzündungen. Wiederholt erfolgten kurze Krankenhausaufenthalte. Hinzu kam, dass dann noch ein Katheter durch die Bauchdecke direkt in die Blase geschoben werden musste wegen seiner Blasenentleerungsstörung. Alle vier bis sechs Wochen musste der Katheter unter Kurznarkose gewechselt werden. Immer wieder folgten Trennungen auf Zeit von meinem Mann, seinem Papa. Die Klinik in Würzburg ist knapp 100 km entfernt von unserem Zuhause. Auch wenn das Team spitzenmäßig war, war es nicht leicht – ein Auf und ein Ab.

Im Dezember 2006 wurde er von Professor Peña operiert und es wurde ein Darmausgang/After angelegt. Der Mann ist ein Engel, ein wundervoller Mensch. Nach ihm ist die Operationsmethode benannt. Er kommt nur ein Mal im Jahr von seiner Colorectalklinik in Ohio nach Deutschland: mehr als ein 6er im Lotto!

Fabian musste in den darauffolgenden Jahren viel mitmachen. Er war immer tapfer und hat mir, obwohl er selbst Schmerzen hatte und so kämpfen musste, immer wieder ein Lächeln auf die Lippen gezeichnet und mir Kraft gegeben. Er war in einem Förderkindergarten, weil er ein Inkontinenzkind ist, bekam Therapien. 2012 wurde ihm der Harnleiter neu verpflanzt und seitdem hatte er auch keine Nebenhodenentzündungen mehr. Er besucht die Grundschule mit Begleitperson, spielt Fußball in der E-Jugend, ging im April zur Heiligen Kommunion. Seine letzte OP war am 22. Mai in der Zahnklinik in Würzburg, die er wieder tapfer überstanden hat. Ich bin so stolz auf meinen großen Kämpfer!

Im Dezember 2011 kam sein Bruder Tim (40+1) zur Welt: normale Schwangerschaft und er ist kerngesund. Die beiden sind meine zwei größten Schätze der Welt, mein Leben!!

Das Geschenk

Man sollte niemals aufgeben, den Kopf nicht in den Sand stecken. Man muss versuchen, positiv vorauszuschauen, und die schönen Momente genießen.

Ich sehe seitdem viele Sachen bewusster und betrachte nichts als selbstverständlich. Vor allem hat mir diese intensive Zeit mit Fabian gezeigt, was man alles schaffen kann, wenn man es schaffen will – und auch mal zu lächeln, selbst wenn es noch so schwer ist. Ich bin einfach froh und stolz, Mutter eines so tollen Jungen zu sein!

Unschuld

Unschuld

Ihr sagt, er scheint verrückt zu sein.
Das kommt daher, weil die Musik,
zu der er tanzt,
für eure Ohren nicht geschaffen ist.

Rumi

Elias

Am 24.04.2014 musste Elias, mein Human Angel, per Notkaiserschnitt aufgrund plötzlicher Blutungen und stärkerer Wehen geholt werden. Ich war zu dem Zeitpunkt in der 25. Schwangerschaftswoche. Elias kam mit 730 g, 33 cm Körperlänge und 22 cm Kopfumfang zur Welt.

Natürlich musste er beatmet werden und ich durfte ihn nur kurz sehen. Ich realisierte es in dem Moment und in den darauffolgenden Tagen noch nicht wirklich, dass ich von jetzt auf gleich Mama war ...

Das Geschenk

Das ist Elias, geboren in der 25. Schwangerschaftswoche, mit 730 g und 33 cm. Er hatte einen sehr schweren Start und er hat alle Hürden gemeistert – womit nicht einmal die Ärzte gerechnet hatten! Ich bin unendlich stolz auf meinen Human Angel!

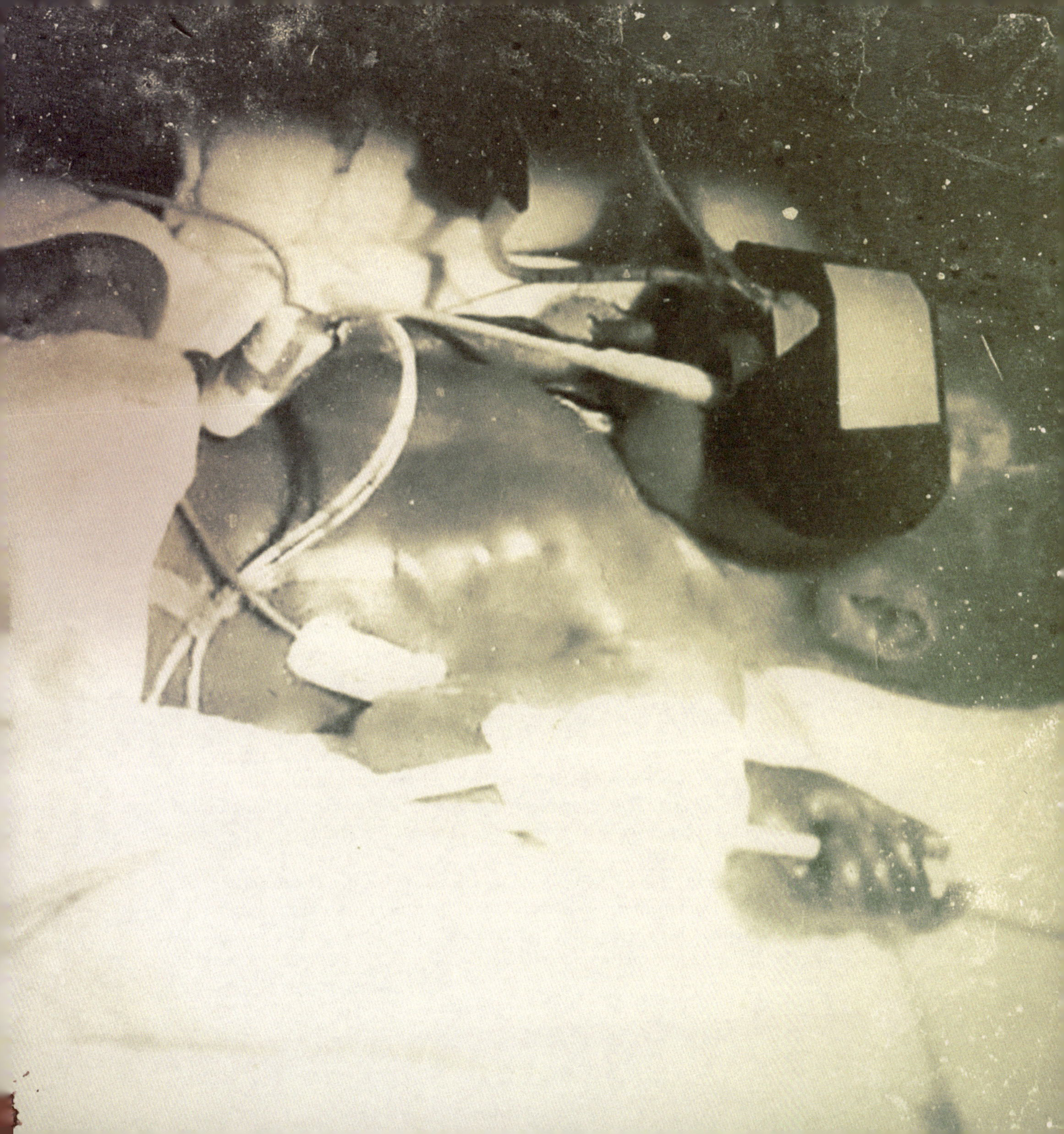

Gina, Cedric, Hysen, Prija

Es war der 13. September 2007, als unsere Tochter Sandra (damals 30 Jahre alt) mich fragte, ob sie ihre vier Kinder (Gina, 10 Jahre alt, Cedric, 6 Jahre alt, Hysen, 4 Jahre alt, Prija, 1 Jahr alt) zu uns bringen könnte.

Dieser Frage war eine enorme Geschichte vorausgegangen, die hier an Zeilen aufzuschreiben nicht möglich wäre.

Sie kaufte für das Baby Windeln und Flaschennahrung und brachte die Kinder vorbei. Es wurde Abend, als es an unserer Tür klingelte und vier Männer davorstanden: Es waren zwei Polizisten, ein Psychologe und ein Seelsorger. Sie sagten uns, dass sich unsere Tochter das Leben genommen hat. Nachdem sie eine Weile da gewesen waren, fragten sie, was mit den Kindern geschehen solle, ob sie sie mitnehmen sollten.

Die Kinder haben verschiedene Väter und keiner von ihnen fühlt sich verantwortlich: Sie wären in Pflegeeinrichtungen gekommen. Mein Mann und ich sahen uns an, schüttelten den Kopf und sagten gleichzeitig: „Nein, die Kinder bleiben hier." Das war unsere in Sekunden getroffene Entscheidung. Bis heute sind die Kinder bei uns. Von nun an war alles anders.

Die größten Herausforderungen waren das Alltägliche – unsere Arbeit, Schule, Kindergarten, Behördengänge, Sorgerechtsangelegenheiten, die Beerdigung unserer Tochter, unsere Wohnsituation: Wir hatten ein viel zu kleines Haus, um den Kindern gerecht zu werden.

Sie waren die erste Zeit viel krank. Auch ihr Leben war aus den Fugen geraten, die Mama war nicht mehr da, sie lebten jetzt bei Oma und Opa in einem kleinen Haus und teilten sich ein Zimmer, das vollstand mit Kisten. So sehr wir uns bemühten: Die Kinder spürten unseren Gemütszustand. Sie strengten sich sehr an, mit uns zusammenzuarbeiten. Besonders Gina und Cedric versicherten uns immer wieder: „Zusammen schaffen wir das!“

Und so gingen sie auch damit um. Sie trauten sich gar nicht, Wünsche zu äußern, sie wollten uns nicht überfordern. Wir haben viel von ihnen gelernt. Ihr Feingefühl, das Gespür, das sie haben, hat uns viel Demut gelehrt. Ihre Dankbarkeit hat uns geholfen, weiterzumachen. Uns war aber auch klar, dass sie noch andere Hilfe benötigten. In alltäglichen Situationen konnten wir erkennen, wie viel Wut, Schmerz und Trauer in ihnen war.

Ich machte mich auf die Suche. Dabei stieß ich auf eine Methode, die mich sehr ansprach. Es ging dabei darum, wie man sich von gespeicherten Zellerinnerungen befreit. Ich machte die Ausbildung dazu und erkannte dabei, dass auch ich viel aufzuarbeiten hatte. Unser Leben ist heute alles andere als so, wie wir es geplant haben, aber ich habe erfahren, dass man das Leben nicht planen kann – man kann sich auf das Leben einlassen und mit ihm gehen, so wie ein Baum, der mit dem Wind geht. Ich möchte allen Lesern sagen: Schatten, die auf unser Leben fallen, sind nichts anderes als ein sicheres Zeichen dafür, dass es irgendwo ein Licht gibt, das es sich zu suchen lohnt.

Das Geschenk

Meine Enkelkinder haben es mir ermöglicht, ein komplett neues, anderes Leben zu erfahren, wenn man den Mut hat zu springen und alle Ängste, Vorgaben, Erwartungen, und Bedingungen loszulassen. Sie haben mir gezeigt, dass nichts so ist, wie es scheint, und dass ich jeden Tag die Wahl habe zu entscheiden: Ist mein Glas halb voll oder ist mein Glas halb leer?

„Leben ist das, was passiert, während du eifrig dabei bist, andere Pläne zu machen."

Heilung

Heilung

Du vermutest, du seist die Schwierigkeit,
doch du bist die Heilung.
Du vermutest, du seist das Schloss zur Tür,
doch du bist der Schlüssel, der sie öffnet.
Es ist zu schade, dass du jemand anderes sein möchtest.
Du siehst nicht dein eigenes Gesicht, deine eigene Schönheit.
Dennoch ist kein Gesicht schöner als deins.

Rumi

Hagen

Also, ich kenne da einen Engel, der einen Engel und viele andere mehr an seiner Seite hat. Dabei handelt es sich um Hagen, der mit einer genetischen Veränderung (Trisomie 21) und damit verbundenen gesundheitlichen Einschränkungen zur Welt kam. Der Engel an seiner Seite ist seine und meine wundervolle Mutter, die seit ihrem 18. Lebensjahr nunmehr 50 Jahre mit und für ihn und uns da ist. Leider gab es zur Zeit seiner Geburt und später noch keine besondere Unterstützung für Menschen mit Trisomie 21 und ihre Angehörigen, die ermöglicht hätte, dass sie weitestgehend einen selbstständigen Weg gehen könnten.

Es wurde zu einer starken Belastung für meine Mutter, dass der Vater des Kindes mit dieser veränderten Situation nicht zurechtkam und die Familie durch Scheidung verließ. Neben einem Schulabschluss versorgte sie gleich zwei Kleinstkinder. Sie erwies sich als eine Frau mit großer innerer Kraft, unterstützt von Eltern und Freunden, die ihr mit helfender Hand zur Seite standen.

Hagen kam auf ärztliche Anweisung im Alter von sechs Jahren in eine psychiatrische Einrichtung. Doch meine Mutter fuhr gemeinsam mit ihrem neuen Lebenspartner regelmäßig in die Klinik und umsorgte Hagen mit viel Liebe.

Erst zehn Jahre später wurde er ohne jegliche Schulbildung wieder aus der Klinik entlassen und kam nach Hause. Er erhielt durch die Diakonie die Möglichkeit, in einer geschützten Werkstatt zu arbeiten.

Er liebt es, zur Arbeit zu fahren. Stolz setzt er sich in das Engel-gesteuerte Fahrzeug der Malteser und freut sich ebenso, wenn er am Nachmittag wieder nach Hause kommt und durch Mutti vom Fahrzeug abgeholt wird.

Schwerwiegende gesundheitliche Probleme wie beispielsweise heftige epileptische Anfälle oder Luftnot während der inzwischen aufgrund einer Schluckstörung schwierig gewordenen Nahrungsaufnahme machen immer wieder Notarzteinsätze und Krankenhausaufenthalte notwendig. Dies ist für die inzwischen betagten Eltern eine starke Herausforderung.

Im Krankenhaus wird er in seiner herzöffnenden Art liebevoll aufgenommen und umsorgt, gibt jedoch auch gleichzeitig allen Beteiligten immer wieder Gelegenheit, an diesen Situationen zu wachsen.

Hagen ist in meinen Augen ein ganz besonderes Geschenk für alle, mit denen er in Kontakt kommt: durch seine Langsamkeit, seine tiefe Offenheit und das herzliche Zugehen auf andere Menschen, sein schnelles Vergeben, sein wundervolles Lächeln, seine zu einem liebevollen körperlichen Kontakt strebenden kleinen Hände. Er verzaubert die Menschen in seiner Umgebung. Gleichzeitig ist da große Dankbarkeit gegenüber allen Menschen, die, anstatt verlegen wegzuschauen oder ihn gar verächtlich anzugehen, offen sind für ein Zugehen auf ihn und mit ihm ins Gespräch kommen – die Engel des Alltags eben.

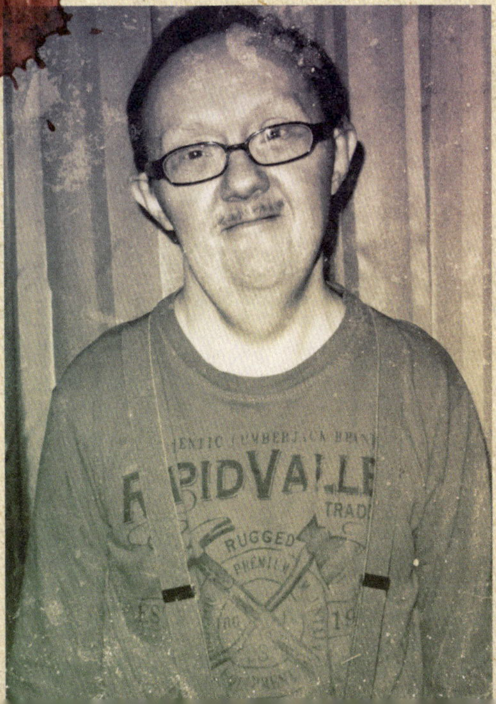

Das Geschenk

Hagen ist in meinen Augen ein ganz besonderes Geschenk für alle, mit denen er in Kontakt kommt: durch seine Langsamkeit, seine tiefe Offenheit und das herzliche Zugehen auf andere Menschen sowie durch sein schnelles Vergeben, sein wundervolles Lächeln, seine zu einem liebevollen körperlichen Kontakt strebenden kleinen Hände. Er verzaubert die Menschen in seiner Umgebung.

Hedwig

Demenzpflege – auch eine Möglichkeit, Gelassenheit zu lernen ...

Meine seit 1990 fast blinde Mutter Hedwig Schneider wurde 1998 nach einer Pankreatitis zum Sterben nach Hause entlassen. Durch ihren eisernen Lebenswillen und eine Ernährungsumstellung durfte sie noch weitere 14 Jahre leben. Meine Lebenspläne lagen für diese Zeit plötzlich „auf Eis“ und wurden durch eine 24-Stunden-Pflege abgelöst. Unwillig nahm ich mein neues Los an, obgleich mir klar war (durch meine eigene Coachingausbildung), dass diese Lebenssituation wohl genau dafür gut war, aus der „Theorie in die Praxis“ zu kommen.

Hedwig und ich: Zwei Welten prallten aufeinander. Aber ich blieb trotz allem in einer positiven Grundstimmung, nach dem rheinischen Motto „et es, wie et es!“.

Im Jahr 2005 wurde klar, dass sich viele „Merkwürdigkeiten“, die mir schon jahrelang aufgefallen waren, als Demenz herausstellten. Die Phase begann, in der sie alles versteckte, alles umräumte, Äpfel auf die Herdplatte legte und die selbst ausgezogene Windel im Kühlschrank deponierte. Also wurden Sicherungen herausgeschraubt, Schränke abgeschlossen und alle Feuerzeuge und Messer aus ihrem Bereich entfernt.

Obwohl ich meinen Dienst verantwortlich ausübte, hatte ich Mutter gegenüber aggressive Gefühle. Zudem machte es mich sehr traurig, dass ihre innere Festplatte kontinuierlich gelöscht wurde und sie mich nicht mehr erkannte.

Durch eine liebevolle Verwandte, die ebenso ihre demenzkranke Schwiegermutter pflegte, wurde mir mein „Versagen“ noch mehr bewusst.

Gott teilte mir im Gebet mit, ich solle die Rolle dieser Verwandten „spielen“, um mich dadurch nicht so sehr mit den aggressiven Gefühlen zu identifizieren.

Das Ergebnis war eine komplette Veränderung meines Wesens. Ich wurde von einer rechthaberischen, kleinkariert auf Ordnung bedachten Person zu einem Menschen, der über die dementen Verrücktheiten seiner Mutter (z. B. mit den Fingern essen und Spaß dabei haben) von Herzen lachen konnte. Wir beide blühten auf. Die Situation hatte sich nicht geändert, aber meine Einstellung.

Ich wurde einmal gefragt, ob es in meinem Leben noch Glücksmomente geben würde und ich sagte damals nachdenklich „ja, wenn Mutter morgens gut auf dem Klo war, bin ich glücklich" und lachte über mich selbst. Ich stellte fest, dass ich durch meine demente Mutter, die mir das Leben so schwer machte, zu einem gelassenen Menschen geworden war.

So ist meine eigensinnige, mutige und stolze Mutter mir zu einem „Engel, einer wahren Lehrmeisterin des Lebens" geworden. Das letzte Jahr hatten wir sogar eine zärtliche Beziehung, die uns zuvor nicht möglich war. Und wir haben viel gelacht ...

Einige dieser Erfahrungen habe ich in dem Buch „Das Elixier der Verwandlung – vom Geheimnis des Leidens" zusammen mit meinem Mann Frank aufgeschrieben.

Das Geschenk

Gelassenheit lernen, „Fünfe grade sein lassen“, meiner heutigen Lebenssituation ein uneingeschränktes JA geben und absolut im Hier und Jetzt sein, statt über das Morgen zu grübeln – das sind die größten Geschenke, die ich während der 14 Jahre der Pflege lernen durfte. Es hat mich fasziniert (wenn auch sehr traurig gemacht) zu sehen, was noch „bleibt“, wenn jemand dement wird. Meine Mutter hat ihre Herzensgüte und Liebe den Menschen und Tieren gegenüber nie verloren, ebensowenig wie ihren starken Glauben.

Herz

Herz

Brich auf, solang du kannst, zum Land des Herzens:
Freude wirst du im Land des Körpers niemals finden.

Rumi

Janis

Lieber Janis, dein Beitrag ist wesentlich für die Ausdehnung der Liebe. Jetzt bist du 19 Jahre in dieser Welt als unser Sohn und bist ein wunderbarer kreativer und aufmerksamer junger Mann.

In deinem Ausweis steht ein „B“, das will anderen Menschen sagen, dass du Unterstützung benötigst durch deine geistige Beeinträchtigung – und dass dein Gegenüber Unterstützung benötigt, Autismus zu verstehen. Weder das „A“ noch das „B“ kann der Liebe im Wege stehen. DU kannst damit humorvoll umgehen und sagen: „Mit mir kannst du kostenlos Zug fahren und umsonst ins Kino gehen!“

Du benötigst für deine Entwicklung und deinen Zugang zu dir selbst Sicherheit und Geborgenheit. Nicht immer haben wir dir dies geben können. So war die Hilfe einer Menge von Menschen wichtig, die dir in Kindergarten, Schule, Internat und jetzt in deiner Wohngruppe zur Seite standen.

Danke für deine hohe Sensibilität, die es dir nicht immer leicht gemacht hat, wenn die Unruhe in deinem Gegenüber, der Familie und auch der Gruppe zu hoch stieg. Dann bist du manchmal, wie du selbst sagst, „ausgeflippt“, hast in Verzweiflung Dinge zerstört, dich selbst und andere bedroht.

Mich hast du gelehrt, dass ich ganz DA SEIN muss, im Jetzt, und nicht in Gedanken schon beim nächsten Tun. Du reagierst sehr fein darauf, ob andere Menschen wirklich präsent sind. Darin bist du ein Meister.

Danke, dass du in unserer Familie bist und uns von Herzen liebst und im Herzen berührst. Du willst für dich und uns Sicherheit und willst dafür sorgen. Also interessierst du dich für Polizei (und rufst sie notfalls selbst), Feuerwehr, fürs Stark-sein. Dein jeweiliges Gegenüber versteht dich nicht immer und so hast du mich gelehrt, dass immer beide Seiten behindert sind – und dass beide Seiten heilen wollen.

Für uns Eltern war die Situation häufig zum Zerreißen angespannt. Gerade wenn wir dich nicht verstanden haben und dich nicht in deiner Höhle erreichen konnten, deinem zeitweisen inneren Gefangensein, haben wir uns gegenseitig Vorwürfe gemacht. Nach vielen Krisen bist du jetzt mehr bei dir angekommen, das fühlt sich für dich ruhiger an und für deine Schwestern und deine Eltern erleichternd. Deine Wohngruppe und deine Arbeitsstelle sind froh über dein Dabeisein.

Mit deinem Beitrag ist unser Leben reicher geworden an Tiefe.

In meiner Tätigkeit als Dozent einer Fachschule für Sozialpädagogik erzähle ich von meinem Lernweg. Dass ich Menschen unterstützen und ermutigen kann in ihrer sozialen und helfenden Tätigkeit, hat eng mit dir zu tun.

Sehr dankbar bin ich, dass in dieser Zeit mit dir unsere Familie vertieft wurde, auch in unserer spirituellen Anbindung. Wir haben gelernt zu spüren, Angst und Liebe auszuhalten, uns zu halten und gehalten zu fühlen und aufzu(er)stehen.

Das Geschenk

Janis, offen in die Welt sehend. Wenn er mich ansieht, bin ich berührt und erinnere mich: Wir haben gelernt zu spüren, Angst und Liebe auszuhalten, uns zu halten und aufzu(er)stehen).

Johannes

Johannes Weber

Williams Beuren Syndrom, abgekürzt WBS, Johannes reagiert empfindlich auf laute Geräusche und er liebt die Musik, er spielt Schlagzeug. Johannes hat typische Gesichtszüge mit Stupsnase, schmalem Kinn, vollen Lippen. Er hat Probleme mit Konzentration und Aufmerksamkeit und ist auf spezielle Themen fixiert. Er hat geistige Defizite. Ein sehr freundliches Wesen zeichnet ihn aus, er flattert gerne mit den Händen und wiegt sich vor und zurück. Er ist ein mäkelnder Esser und hat bestimmte Vorlieben.

Johannes hat eine schlechte Feinmotorik, z. B. beim Schreiben, eine schlechte Grobmotorik, z. B. beim Springen und beim Sport. Er geht gerne auf Zehenspitzen. Oft ist ein Herzfehler verbunden mit dem Syndrom, bei Johannes jedoch ist es nur eine kleine Erschlaffung an der Herzklappe, sie musste bisher nicht operiert werden. Johannes ist sehr vertrauensvoll und wäre anfangs mit allen Menschen mitgegangen. Johannes ist zehn Jahre alt.

Wir werden auch im Erwachsenenalter für ihn da sein müssen, was eine Einschränkung unserer Freiheit bedeutet. Einige Freunde und Verwandte zogen sich zurück, auch Kontakt zu „normalen“ Kinder zu halten, ist schwierig, da er auf uns fixiert ist.

Wir waren enttäuscht und traurig, hatten Angst, wie es wohl in der Zukunft sein wird. Es kam Neid hervor. Leistungsdruck wie beispielsweise in der Schule war hingegen weg.

Dass Johannes auch im Erwachsenenalter auf unsere Hilfe angewiesen ist, ist

eine Herausforderung. Wir erleben oft extreme Langsamkeit, wie z. B. in alltäglichen Dingen, und die immer gleichen Themen, wie z. B. Feuerwehr.

Johannes brachte das Echte hervor – durch seine große Liebesfähigkeit. Die Erkenntnis, dass wir auf uns selber gestellt sind, hat uns reifen lassen. Mit öffentlichen Einrichtungen, wie z. B. mit der Lebenshilfe, haben wir sehr positive Erfahrungen gemacht.

Illusionen sind (zum Glück) gestorben. Viele Menschen hatten Angst, uns anzusprechen. Wir spürten förmlich die Gedanken, die gedacht wurden, und wurden sensibler und langsamer. Wir erkannten unseren Schatz, der uns geschenkt wurde, auch wenn wir anfangs große Einschränkungen hinnahmen. Uns und unseren zwei älteren Kindern wurde vieles bewusster und auch irgendwie realistischer.

Entlastung anzubieten, einfach nur so, das wäre so wertvoll! Dinge anzusprechen, wäre so wichtig! Meine Gedanken bewegen sich zum Himmel und wieder zurück: quer durch die Wüste und zurück in die Blumenwiese; ein Kind geschenkt mit neuen Reisezielen; Wüste und zurück in die Blumenwiese; Heimat durchgerüttelt und neu verbunden; Alltag schwer; Alltag leicht; beides gesehen, beides erlebt; Visionen gestorben und neue entdeckt; Freunde, die nicht da waren, und Freunde, die der Himmel geschickt.

Die Liebe ist gekommen und teilt jede Sekunde frische Sprühfarbe:
Echtes, Pures, Unverfälschtes.

Unsere Familie wurde langsamer, was für ein Glücksmoment! Das Erkennen von Wesentlichem mit viel SEIN und viel Raum und Nichtverstehen. Unser Kleinster ganz groß. Handicap trifft neue Möglichkeiten; neue Wesen; neues Vertrauen.

Unvollkommenheit weitete den Blick, Ungeahntes kam ans Licht.
Geschützt, geborgen, geliebt, gesegnet.

Danke, Leben!

Das Geschenk

Das größte Geschenk ist Johannes' Liebe, sein offenes und weites verschenkendes Herz, sein echtes SEIN.

„... quer durch die Wüste und zurück in die Blumenwiese ..."

Hingabe

Hingabe

Des Liebenden Herz
ist angefüllt mit einem Ozean.
In seinen rollenden Wogen
wiegt sanft sich das All.

Rumi

Jaro

Ich bin die Mutter von Jaro, er ist Autist und inzwischen 13 Jahre alt. Ich möchte nicht über die alltäglichen Herausforderungen schreiben, sondern bewusst über den Beginn, die Zeit, als wir die Diagnose bekamen, und darüber, was dann passierte und was meine Haltung zum Leben mit und ohne Behinderungen, Beeinträchtigungen und Besonderheiten änderte und prägte!

Einen Tag vor Jaros sechsten Geburtstag endete die Diagnostik im anthroposophischen Gemeinschaftskrankenhaus in Herdecke, ein zwölfköpfiges multiprofessionales Team war sich nach 14-tägigem teilstationären Aufenthalt von Jaro in der Kinder- und Jugendpsychiatrie einig: Autismus/Asperger Syndrom.

Auf meine Frage, ob Jaro nun, so wie die meisten anderen Kinder dort, weiter zur Behandlung bleiben solle, sagten sie uns: „Jaro ist ein Autist, dem es gut geht und der bekommt, was er braucht – eine Fortsetzung seines Aufenthalt ist nicht nötig."

Ich weiß noch gut, wie tröstlich und hilfreich diese Worte und diese Einschätzung für mich damals waren, denn in den ersten Wochen konnte ich nur unter Tränen über seine Diagnose reden und vertraute mich auch nur wirklich nahestehenden Menschen an.

Doch dann saß ich eines Tages in meiner Küche, mitten im meinem vollen Alltag, mitten im normalen Leben und plötzlich war etwas, war alles anders. Da sagte, da beschloss eine Stimme in mir: Ich denke ja gar nicht daran, mich bestraft oder benachteiligt vom Leben zu fühlen, weil es mir ein behindertes Kind zumutet! ich fühle mich geehrt und auserwählt, dass mir so ein Kind vom Leben anvertraut wird, dass mir zugetraut wird, ihm zu geben, was es braucht!

Ich wusste nicht, woher dieser unerwartete Sinneswandel kam, doch von da an fragte ich mich nicht mehr „warum ich?“, sondern wusste, ja spürte, warum ich! Es machte täglich mehr und immer wieder neu Sinn für mich, dass dieses Kind seinen Weg ausgerechnet zu mir gefunden hat – ich habe es verstanden, angenommen, bejaht und möchte kein anderes, weniger besonderes, normaleres Kind als meinen Sohn Jaro!

Das Geschenk

Jaro, mein Leben mit dir lehrt mich die Bedeutung von Solidarität, Loyalität und Verbindlichkeit in Beziehungen und du schenkst mir das Gefühl, in deinem Leben einen echten Unterschied zu machen, wichtig, wertvoll und wesentlich zu sein.

Ich lerne durch dich, dass wir alle Behinderungen, Beeinträchtigungen und Besonderheiten haben.

Johannes

Ich hatte einen Sohn. Er war ein besonderer Mensch und hat mich zu dem gemacht, was ich heute bin. Und er fehlt mir so unendlich!!

Mein Johannes wurde als mein zweites Kind am 20.06.1985 nach einer Plazentaruptur mit Wehentropf mühevoll zur Welt gebracht. Es war tiefe DDR-Zeit, wenig oder keine Hilfe. Im Alter von 21 Tagen hatte Johannes plötzlich Wasser in der Lunge, ein Herzfehler, auf den man dann eineinhalb Jahre lang jede Entwicklungsverzögerung schieben konnte. Johannes trank sehr schlecht – warum, das wusste ich damals nicht. Er nahm in manchem Monat nur 100 g zu, andere Mütter sahen mich immer so komisch an. Er konnte den Kopf nicht heben, nur schwer stützen, sich nur komisch drehen, nicht krabbeln, gab kaum Töne von sich. Was habe ich geweint, was habe ich alles gelesen.

Ich wusste: Etwas ist anders! Nur was? Mit eineinhalb Jahren erfolgte die Herz-OP. Dann, zum ersten Mal das Wort „schwerbehindert!“, „was erwarten Sie denn? Da wird doch nichts mehr!“.

Ich änderte meinen Beruf vom Uhrmacher zum Therapeuten. War mit meinem Sohn im Kindergarten und habe mit allen Kindern geturnt, Spaß mit ihnen gehabt und ihr Wesen kennen und lieben gelernt. Die Ehe ging kaputt und mit anderen Partnerschaften war es schwierig, bis ich meinen jetzigen Mann kennenlernen durfte. Er und seine vier Kinder haben meinen Johannes angenommen und in jeder Weise akzeptiert – und mir damit zu einem großen Glück verholfen. Darüber hinaus hatte mein Johannes den besten großen Bruder, den man nur haben kann. Alexander hat immer zu seinem Bruder gehalten und mich damit sehr unterstützt.

Seit der Wende bin ich Mitglied der Lebenshilfe, jetzt Vorstandsvorsitzende. Johannes hatte viele Operationen. Immer ging es dabei darum, ihm das Stehen und Laufen zu erhalten. Wir waren in Heidelberg, in Cuxhaven, in Berlin. Haben die unterschiedlichsten Erfahrungen gemacht und immer für unser Glück gekämpft. Ob es um Hilfsmittel ging oder um Therapien. Haben an den Wochenenden viel unternommen und Urlaube genossen.

Johannes war ein immer fröhliches Kind. Er hat viel gelacht, konnte sich über Flummibälle freuen, die er sogar zielgerichtet werfen konnte. Hat gern Schabernack gemacht und liebte Ausflüge mit dem Auto oder dem Zug. Sogar geflogen ist er drei Mal.

Seit 2007 wohnte er mit anderen Erwachsenen in einer WG, war tagsüber im Förderbereich der Werkstatt und an den Wochenenden zu Hause.

Am 07.11.2010 wurde sein zweiter Neffe in Österreich geboren. Wir waren über den Buß- und Bettag dort und in diesen drei Tagen erkrankte Johannes an einer Lungenentzündung. Mitten in der Nacht sind wir heimgefahren und doch zwei Minuten zu spät im Krankenhaus angekommen! Nie werde ich das spätere Telefongespräch mit seinem besorgten Bruder vergessen! Sein Weinen hat mein Herz zerrissen.

Auch wenn mir mein Johannes so sehr fehlt: Ohne ihn wäre ich nicht, was ich bin. Danke, Hansi!

Das Geschenk

Mein Johannes hatte einen Freund, Robert, ebenfalls im angepassten Rolli, er wurde mit der Sonde ernährt und wohnte in einem Heim. Die beiden Jungs gingen zusammen in die Schule und trafen sich manchmal.

Viermal war ich mit einer Freundin und mit den beiden Jungs für ein paar Tage im Urlaub. Ein Riesenaufwand: 2 Rollis, 2 Lagerungskeile, Toilettenstuhl, Windeln, Nahrung und die Klamotten in ein Auto stapeln. Es war immer ein Fest für beide! Danke, Silke!

Beide starben am gleichen Tag! Mit 25.

Warum?

Weisheit

Du möchtest weise sein?
Wirf alle Weisheit fort.

Rumi

Jason

Mein Human Angel heißt Jason. Jason ist zwei Jahre alt.

In der 23. Schwangerschaftswoche, beim sogenannten Organ-Ultraschall, haben wir erfahren, dass er den schwersten angeborenen Herzfehler haben wird, den es gibt: das „hypoplastische Linksherz-Syndrom".

Jason besitzt nur eine Herzkammer, ein halbes Herz.

Das ist einfach unvorstellbar, selbst heute noch. Der Tag der Diagnose und die Zeit danach war wohl die schwierigste Zeit in meinem ganzen Leben und ich konnte mir nicht im Entferntesten vorstellen, dass es auch positive Dinge gibt an so einer schlimmen Erkrankung.

Jason hat heute vier Operationen am offenen Herzen hinter sich und dennoch hatten wir Glück. Glück – dass er bei uns sein darf, Glück – dass so eine innige Beziehung zu meinem Kind entstanden ist, Glück – zu wissen, dass das Leben des eigenen Kindes wichtiger ist als alles andere auf der Welt.

Seitdem mein Sohn Jason da ist, übernehme ich sehr viel Verantwortung. Alles muss geordnet zugehen. Die Medikamente müssen zur richtigen Zeit gegeben werden und auf jede kleine Veränderung an dem kleinen Körper muss geachtet werden. Ich bin stolz, wenn ich merke, dass niemand mein Kind besser kennt als ich. Ich weiß, was er fühlt, wann er wirklich Schmerzen hat, wenn es ihm gut geht, obwohl die Überwachungsgeräte etwas anderes sagen. Diese Nähe ist etwas ganz Besonders! Diese Nähe entsteht, wenn man sein Kind die komplette Nacht vor der schwersten OP ununterbrochen beobachtet, jedes Lachen aus vollem Herzen mitfühlt und jede noch so schlimme Untersuchung zusammen durchsteht.

Jason hat den schwersten angeborenen Herzfehler und doch sind wir glücklich! Wir haben das Glück, dass er sich ganz normal entwickelt.

Aber das ist eben das Besondere ..., es ist Segen und Fluch gleichzeitig. Wir müssen uns die Anerkennung der schweren Krankheit im Familien- und Freundeskreis und auch in der Öffentlichkeit erkämpfen. Niemand weiß, wie lange unsere Kinder mit diesem Herzen leben können, da der Herzfehler erst seit 1985 operiert werden kann – und trotzdem sehen viele unserer Kinder kerngesund aus, nach außen.

Wir wollen kein Mitleid, aber wir wollen auch nicht, dass die Krankheit heruntergespielt wird. Wir brauchen einfach Verständnis und Unterstützung, die harten Zeiten der OPs sind so schwer zu verarbeiten und man versucht, das Beste für sein Kind zu geben – dennoch hagelt es oft von allen Seiten Kritik. Als Eltern von einem kranken Kind hat man ein besonderes Gespür dafür, was die Kinder brauchen. Für unsere Kinder gelten nicht die Regeln wie für andere Kinder, wir müssen wochenlange Krankenhausaufenthalte überstehen und unsere Kinder beschäftigen, obwohl sie Schmerzen haben und vielleicht nicht aufstehen können oder dürfen. Akzeptanz und Toleranz wünsche ich mir für unsere Kinder, genauso wie für uns Eltern!

Das Geschenk

Jason hat mir gezeigt, dass man wirklich alles schaffen kann! Niemals hätte ich gedacht, dass ich in der Lage dazu bin, für ein schwer behindertes Kind zu sorgen. Er hat mir gezeigt, was für Leid ein Mensch ertragen kann, ohne sein Lachen zu verlieren!

Julian

Mein Engel wäre jetzt 26 Jahre alt. Er kam als Frühchen im Juli 1989 zur Welt, entwickelte sich prächtig und war im Oktober entlassungsreif. Nur eine einzige Untersuchung an einem Auge sollte noch stattfinden. Dabei erlitt Julian einen Narkosezwischenfall mit Sauerstoffmangel, dessen Folgen massivste Hirnschädigungen, Krampfanfälle und Minderwuchs waren. Aufgrund der kompletten körperlichen und geistigen Behinderung blieb er von nun an auf die Rund-um-die-Uhr-Fürsorge angewiesen. Eine direkte Kommunikation oder Kontaktaufnahme war nicht möglich.

Anfangs fühlte ich mich völlig hilflos, wenn ihn Krämpfe plagten, er seine Nahrung nicht schluckte oder er häufig an Lungenentzündungen litt. Prognosen, dass Julian nur drei Jahre alt werden würde, ließen die ständige Angst um ihn noch größer werden. Ich habe oft für ihn gebetet, dass nicht alles so kommen möge, wie es uns immer prophezeit wurde. Lange drehte ich mich im Kreis zwischen Pflege und Überforderung, Resignation und Hilflosigkeit, Kampf gegen die verantwortlichen Ärzte und den Bedürfnissen aller weiteren Familienmitglieder.

Routine, die eigene Vorbildung als Krankenschwester und das NEINSAGEN zu unnötigen Therapien machten insgesamt unabhängiger. Sogar Auslandsurlaube waren möglich, als ich verstand, dass meinem Sohn nichts passieren konnte, solange er in meiner Nähe war. Um Julian Stress zu ersparen, ließen wir ihn vom Schulbesuch befreien.

Ich hatte kaum Zeit, mir darüber klar zu werden, was ich fühlen sollte und was ich fühlte. Ganz oft war ich verzweifelt, müde, ausgebrannt und andererseits dankbar für die kleinen Dinge. So freute ich mich beispielsweise, als wir nach Jahren endlich einen strand- und waldtauglichen Behindertenwagen bekamen, der außerdem

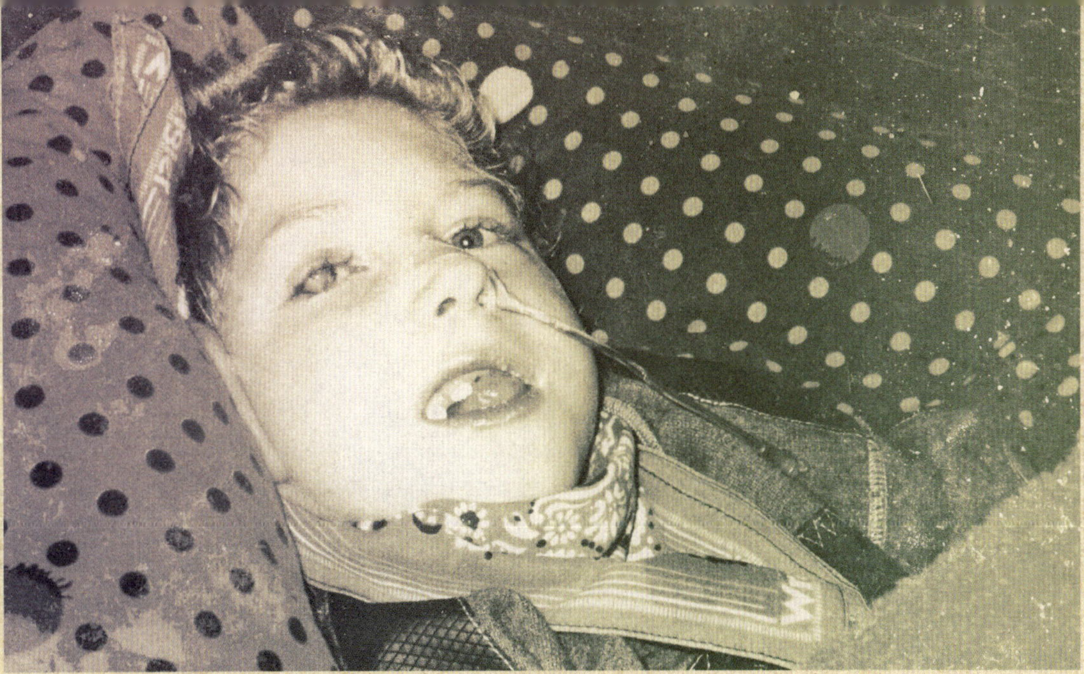

an ein Fahrrad angehängt werden konnte, oder als wir eine große Erdgeschosswohnung anmieteten, die uns das Zusammenleben vereinfachte.

Während unseres Familienurlaubes 2003 spürte ich eine unerklärliche innere Unruhe, sodass wir auf mein Drängen hin früher heimfuhren. In der zweiten Nacht nach unserer Rückkehr durfte Julian ohne Schmerzen und Leiden einschlafen, so wie ich es mir für ihn immer gewünscht habe.

Diese ganz besondere Verbundenheit mit Julian erfahren zu haben, ist für mich bis heute etwas Außergewöhnliches – für mich ein Zeichen seiner Liebe zu mir.

Die Trauer begann bereits mit der Sekunde des Narkosezwischenfalls, der anschließenden Diagnose und der Prognose. Doch sein Fortgehen war so unerwartet, da ich damals nicht im Mindesten damit gerechnet hatte.

Das Weiterleben war ein völlig neuer Weg. Nach 14 Jahren Pflege und Organisation dauerte es Jahre, bis ich mich selbst wiederfand.

Das Geschenk

Nichts ist selbstverständlich und nicht jeder Lebensplan geht auf!

Ich bin dankbar für meine Gesundheit, meine intakten Sinne, meine Lieben und alle meine Erfahrungen. Ich nutze meine Chancen, verpasse nicht die Augenblicke des Lebens und habe erkannt, dass Vergebung und NEINSAGEN befreit. Ich kann Freude erfahren, habe nicht verlernt zu lachen und meine eigenen Bedürfnisse zu erkennen. Für „Wohlstandsmeckerer“ habe ich kein Verständnis.

Nichts hat mich mehr gelehrt als das Leben mit Julian.

Demut

Demut

Mit jedem Atemzug pflanze ich den Samen der Demut,
ich bin ein Gärtner des Herzens.

Rumi

Kevin

Hallo, ich bin Kevin,
im April 1996 wurde ich geboren.

Meine Mama musste 15 Stunden durchmachen, bis ich endlich da war. In der Schwangerschaft deutete gar nichts darauf hin, dass etwas bei mir nicht in Ordnung sein könnte, erst als ich da war, stellte man fest, dass ich ein „besonderes Kind" war – denn ich kam mit einem mehrfachen Handicap zur Welt: mit einem offenen Rücken und einem Wasserkopf.

Meine Eltern traf dies wie ein Schlag, da sie ja ganz unbedarft waren und die Bedeutung bis dahin nicht kannten. Für mich bedeutet es halt ein Leben im Rollstuhl. Oft macht mir diese Wahrheit zu schaffen. Für mich habe ich aber als Ausgleich den Sport entdeckt, der mir darüber hinweghilft, anders zu sein. Ich spiele leidenschaftlich gerne Rollstuhlbasketball, den ich etwa 2006 für mich entdeckt habe, heute spiele ich sogar mit einer Doppellizenz für zwei Vereine. Eine weitere Möglichkeit, mich auszupowern, habe ich mit dem Handbikefahren, das ist wie Fahrradfahren, nur dass an meinen Rolli ein Anklemmbike befestigt wird und dass man statt mit den Beinen über Handkurbeln fährt. Dann kommt noch hinzu, dass ich sehr gerne schwimme – was eine Herausforderung ist, wenn man nur über die Arme ohne seine Beine schwimmen kann. Das sollten die gesunden Schwimmer auch einmal probieren: Schwimmt beim nächsten Mal ohne Hilfe der Beine, dann habt ihr ein Gefühl dafür, was wir „Querschnittsgelähmten" leisten können – nur einmal so zum Spaß, probiert es aus!

Natürlich ärgere ich mich heute immer noch manchmal, dass ich nicht sein kann wie „die anderen", gerne würde ich Fußball spielen. Lange Zeit war Oliver Kahn, der ja schon im „Ruhestand" ist, mein Vorbild. Es gab eine Zeit, dies ist jetzt etwa zwei Jahre her, da war ich total am Boden zerstört. Gott sei Dank habe ich hier meine Mama und meinen Papa an meiner Seite gehabt, ich hatte über ein Jahr mit einem Dekubitus am Po zu kämpfen, das ist eine offene Wunde, die einfach nicht verheilen wollte. Ich musste in der Zeit fast nur auf dem Bauch liegen, durfte keinerlei Sport treiben: Das war meine bisher schlimmste Erfahrung.

Mama und Papa haben mir in dieser Zeit sehr geholfen, auch wenn ich oft un ausstehlich war. Ich wünschte, jeder „besondere Mensch" hätte solche Eltern an seiner Seite! Ich weiß, dass es leider nicht so ist. Also habe ich in meiner Situation ein großes Glück, dass ich, auch wenn ich es nicht immer zeige, sehr zu schätzen weiß.

Ich schließe hier mit einem Wunsch: Die Menschen sollten uns nicht nur als die „Hilflosen" sehen. Traut euch mehr, euch auf uns einzulassen! Ihr werdet feststellen, dass wir mit unseren Handicaps nicht viel anders sind als ihr ... Vielleicht können wir nicht laufen, vielleicht sind wir nicht so schnell beim Denken: Wir sind aber hilfsbereite und liebenswerte Menschen.

Euer Kevin-Marcel

Das Geschenk

Jeder Tag, an dem mir meine Eltern, Maria und Stefan Russ, ihre Liebe schenken, ist das größte Geschenk. Es ist auch ein Geschenk, dass ich die Menschen nehmen und achten kann, wie sie sind.

Justin

Mein weltliebster Sohn Justin, vor 18 Jahren warst du zu diesem Zeitpunkt gerade einmal wenige Stunden auf der Welt.

Du warst so klein und wurdest doch so schnell groß. Was hab ich es geliebt, deinen Babyduft tief einzuatmen und deinen kleinen Kinderkörper an meiner Brust zu fühlen. Dich in meinem Leben zu wissen, hat mich in deinem ersten Lebensjahr oft vor purem Glück weinen lassen, so unglaublich bist du mir als mein kleines Wunder erschienen.

Vieles von dem, was ich mir als junge Frau, die mit ihrem ersten Kind schwanger ist, erträumt hatte, erfüllte sich für uns nicht. Bereits wenige Monate nach deiner Geburt war es zu sehr ersichtlich, dass deine Entwicklung nicht so verlief, wie sie es hätte tun sollen. Dich in meinen Armen zu wiegen und zu halten, war so viel mehr als für manch andere Mutter, die ein gesundes Baby in ihren Armen halten durfte. Hoffte ich doch, durch meinen Herzschlag und mit meiner Wärme deinen gequälten Körper wenigstens für einige Stunden zur Ruhe kommen zu lassen.

Und dann kamen die Diagnosen und Prognosen – und was diese für dich und deine Zukunft bedeuteten, ließ sich für mich damals nicht absehen. Wir beide haben ganz schön gekämpft und Schweres durchgemacht – oftmals an so vielen Fronten zeitgleich, dass es manches Mal kaum auszuhalten war, weder für dich noch für mich. Aber irgendwie haben wir es bis hierher geschafft!

„Solange wir beide zusammenhalten, können wir alles schaffen. Wir zwei beide als Team!"

Ich musste und wollte es schaffen. Für dich und für mich. Von daher hab ich dich angenommen, ganz so, wie du bist. Mit all der Liebe, zu der ich fähig bin ...
Nahezu dein ganzes Leben schon muss dein Körper Schmerzen aushalten, die

sich nur die wenigsten vorstellen können. Nicht immer konnte ich dir Linderung verschaffen. Deine Beine sind von vielen, langen Narben gezeichnet und erzählen ihre eigene, tief bewegende Geschichte. Unsere Welt der „Normalen" erlebst du auf deine eigene Weise ...

Viele gehen vorüber mit einem verächtlichen Blick auf dich oder zeigen auf dich und sehen dabei nicht, wie gut es ihnen selbst geht und wie viel du für dich in deinem Leben erreicht hast – dass nichts von dem, was dich ausmacht, selbstverständlich ist. Mich macht das oft wütend und ich kann dann auch schon einmal einen Spruch der Person gegenüber ablassen. Aber das magst du nicht und du versuchst mich zu bremsen.

Vielleicht ist es tatsächlich so, wie manch einer über dich sagt, dass in dir eine alte und weise Seele wohnt!

Du verzauberst die Menschen um dich mit deiner guten Laune und deinem charmanten Wesen, schenkst Menschen und Gegebenheiten eine Wertschätzung, wie es sie selten gibt. Selbst wenn ich einmal sauer auf dich bin, kann ich dir nie lange böse sein.

Dich unglücklich zu sehen, tut mir weh.
In Liebe,
deine Prinzessin Uffm Bersch

Das Geschenk

„Ganz gleich, wer du sein wirst und wohin dein Lebensweg dich führen wird: Hauptsache, du weißt, wo du hingehörst und dass du glücklich bist als der Mensch, der du sein wirst!“

Ich glaube, das ist uns beiden ganz gut gelungen. Ganz gleich, was noch kommen wird: Deine Basis steht und ich hoffe sehr, dass ich noch lange beschützend meinen Kokon voller Liebe für dich und um dich wirken darf ...

Mein einst kleines Gänseblümchen, mein so groß gewordener Summsemann!!!

Staunen

Staunen

Draußen,
jenseits der Vorstellungen
von Richtig und Falsch,
liegt ein Feld.
Dort werden wir uns treffen.
Wenn die Seele sich daselbst
ins Gras niederlässt,
ist die Welt so voll,
dass davon niemand mehr
zu reden vermag.
Vorstellungen, Sprache,
selbst der Ausdruck einander –
das alles ist dann sinnlos geworden.

Rumi

Katja

Unsere kleine Große

„Scheiße", sagte der Herr Professor in der Uniklinik, als er 1971 unsere acht Wochen alte Tochter Katja zum ersten Mal bei sich auf dem Tisch liegen sah. Drehte sich um, schüttelte uns die Hand und lächelte: „Das ist eine Chondrodysplasie. Aber eins kann ich Ihnen sagen, körperlich bleibt sie zwar klein, so 1,15 bis 1,30 m, aber mit ihrer Intelligenz schlägt sie alle. Und Sie", er deutete auf mich, „sollten dafür sorgen, dass Ihre Tochter gut sozialisiert wird, um nicht arrogant zu werden!"

Er gab uns noch den Rat: „Gehen Sie auf keinen Fall irgendwelchen Scharlatanen auf den Leim, die Ihnen Wachstumshormone verkaufen wollen, das ist alles Humbug und würde bei ihr nur den Rumpf verlängern, aber nicht Arme und Beine. Sorgen Sie lieber für orthopädische Unterstützung."

Der Orthopäde meinte: „Die können Sie gleich hierlassen, denn die gehört sofort in ein Gipsbett, damit die Wirbelsäule nicht zu sehr nach innen abdriftet, ein halbes Jahr dürfte reichen!"

Das war für mich undenkbar – den Murkel hier in der Klinik lassen, ein halbes Jahr lang? Ich lehnte ab: „Nein, dann habe ich vielleicht ein Kind mit einem etwas geraderen Rücken, aber ohne jegliches Urvertrauen. Das ist eine ganz miese Lebensgrundlage." Er zuckte mit den Schultern: „Na, dann eben nicht, dann lassen sie das Kind aber zumindest in Bauchlage schlafen." – Und das war es, sein Interesse war erloschen. Ich fand jedoch einen neuen Orthopäden, der uns bestens unterstützte und hilfreiche Tipps gab.

Familiär war die Welt jedoch überhaupt nicht in Ordnung. Verbissen suchten wir nach einem „Schuldigen", kramten nach möglichen Beweisen bei unseren Ahnen. Um mehr über diese Diagnose zu erfahren, suchte ich nach aufklärenden Schriften. Einige wenige fand ich in Schweden. In einer Abhandlung ging man eindeutig von einer Mutation aus. Da fiel, zumindest von mir, eine riesengroße Last ab. Ja, ich fühlte mich befreiter von diesem unsäglichen Schuldgefühl.

Katja war ein absoluter Wonneproppen und entwickelte sich zu einem ausgesprochen lebhaften, fröhlichen Mädchen, das bald überall mitmischte. Das arrangierte vor allem ihr großer Bruder, der sie stets im Schlepptau hatte. Sie war überall dabei und mittendrin. Berührungsängste gab es kaum. Natürlich gestaltete sich ihre Pubertätszeit nicht einfach. Es gab einige Jahre des Rückzugs, der Unzufriedenheit, des Kampfes mit sich, den Eltern, der Gesellschaft. Aber sie eroberte sich immer wieder ihre Cliquen und ihre Welt.

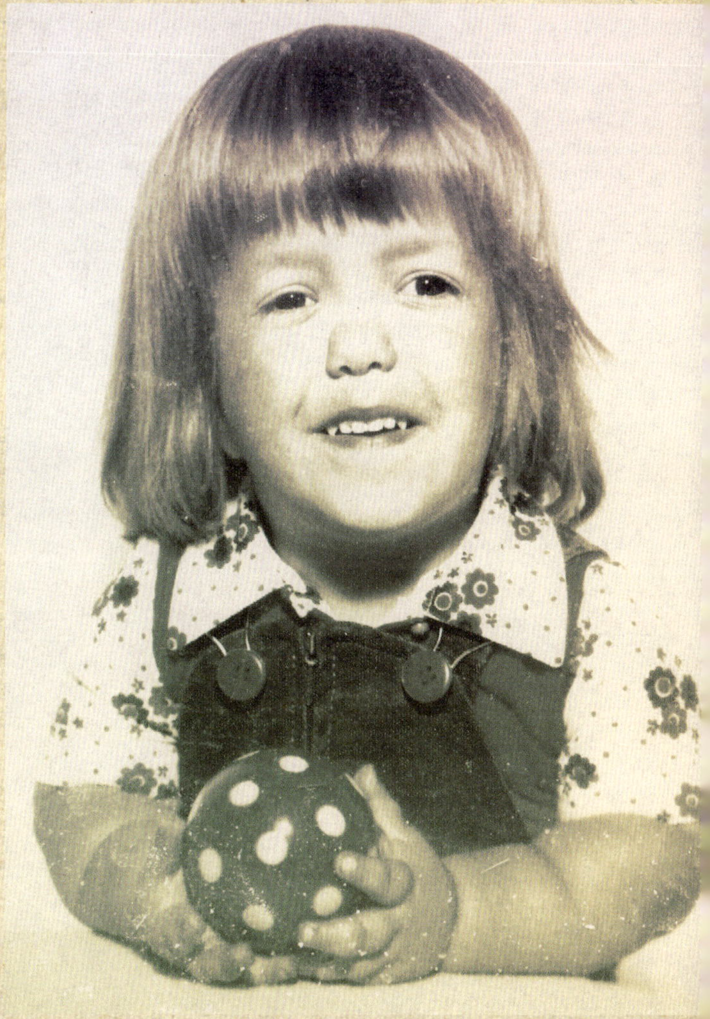

Und heute? Heute steht sie mit beiden, wenn auch kurzen, Beinen ihre Frau und managt Ihr Leben als Heiltierpraktikerin und Sozialpädagogin, ist als Autorin etlicher Bücher auch kreativ tätig.

Und mich macht besonders glücklich: Sie hat einen Partner, vielleicht fürs Leben, an ihrer Seite.

Das Geschenk

Katja hat mich gelehrt, sensibler für Behinderungen aller Art zu werden und konstruktiv damit umzugehen. Um ihr Unabhängigkeit und Selbstbewusstsein zu vermitteln, musste ich selber beides erst einmal lernen und werden. Ich musste lernen, sie und andere Leute nicht mit ihrer Gegenwart zu verschonen, um Akzeptanz und Integration in der Gesellschaft zu erreichen.

Dank meiner Tochter habe ich mein Leben komplett geändert und es – wie sie auch – selber in die Hand genommen.

Sehen

Sehen

Liebende sehen die Dinge so,
wie sie wirklich sind.
Denn sie sehen mit der Klarheit
des göttlichen Lichts,
und ihre Liebe
spricht die Mängel frei.

Rumi

Unsere Tochter

Hallo, mein Name ist Rebekka Sawazki. Unsere erste Tochter haben wir bekommen, als ich 21 Jahre alt war. Sie war ein besonderes Kind. Wir wussten nicht, dass etwas nicht in Ordnung war, erst, als ich in der 35 Schwangerschaftswoche einen Notkaiserschnitt bekam, weil die Herztöne nicht in Ordnung waren. Nachdem sie geboren worden war, am 22.02.2008, wurde sie direkt in eine Spezialklinik gebracht, da sie einen schweren Herzfehler hatte. Dort waren wir sechs Wochen lang. Sie wurde zwei Mal am Herzen operiert. Außerdem hat sie eine Chromosomenstörung (Chromosom 2 und 14, dort war etwas nicht in Ordnung) gehabt, schwere Epilepsie, Magenreflux, der einer Operation bedurfte, Nierenreflux, schlechtes Immunsystem. Sie hatte dauernd irgendwelche Infekte, die wochenlang anhielten. Sie konnte kaum sehen und das rechte Ohr war taub. Sie entwickelte sich nicht. Sie war mit vier Jahren auf dem Stand eines Neugeborenen. Sie konnte weder sitzen noch laufen oder sprechen und sich selbst drehen.

Als wir das alles erfuhren, hatten wir Angst und wussten nicht, wie wir das schaffen sollten. Doch Gott hat uns hindurchgetragen. Sie schwebte oft zwischen Leben und Tod. Mehr als dreimal wurde sie künstlich beatmet und ihr Leben hing am seidenen Faden. Doch bei allem war sie das friedlichste Kind, das wir je gesehen haben. Sie hätte allen Grund zum Schreien gehabt, doch nur wenn sie Schmerzen hatte, weinte sie. Sonst war sie immer ruhig und ausgeglichen.

Das Schwierigste für mich waren die unzähligen schlaflosen Nächte aufgrund von Krämpfen, Husten oder Durchfall. Das hat sehr an meinen Nerven und an meiner Geduld gezehrt. Es war auch schwierig für mich, den Ärzten alles zu erklären, wenn ich wieder neue Symptome bei ihr entdeckt hatte, die

mich beunruhigten. Ich stotterte und durch diese Herausforderung wurde es immer stärker. Die ganzen Sorgen belasteten uns sehr. Doch Gott schenkte uns, dass unsere Hoffnung nie gestorben ist.

Am 19.03.2012 ist sie an einer viralen Lungenentzündung gestorben.

Was auch eine sehr interessante Erfahrung war, ist: Ich habe es immer gemerkt, wenn sie etwas hatte oder wenn etwas nicht stimmte. Sie konnte nicht sprechen, doch ich merkte es ihr an und ich behielt jedesmal Recht. Das Gefühl einer Mutter täuscht nicht. Vertraut darauf, wenn ihr denkt, dass etwas nicht stimmt, und sucht nach der Ursache! Wir wissen, dass sie jetzt bei Gott im Himmel ist, wo es kein Leid gibt, keine Tränen, keine Schmerzen. So steht es in der Bibel. Dort kann sie all die Dinge tun, die sie auf der Erde nicht konnte, und wir wissen, dass wir sie dort eines Tages wiedersehen. Das hat uns sehr über die Trauer hinweggeholfen. Gott hat uns noch zwei gesunde Kinder geschenkt, die sich herrvorragend entwickeln und kerngesund sind. Dafür sind wir dankbar.

Das Geschenk

Sie hat uns gelehrt und gezeigt, dass nichts selbstverständlich ist. Dass es ein Geschenk ist, wenn jemand ein gesundes Kind bekommt. Wir durften die Erfahrung machen durch Gebet und Bibellesen, dass Gott einem Freude schenken kann, die nicht von Situationen abhängig ist.

Wir durften viele andere Eltern in Krankenhäusern kennenlernen und gewannen einen ganz anderen Blick auf das Leben, welcher uns sonst verwehrt geblieben wäre. Es ist nicht selbstverständlich, wenn es einem gut geht.

Nichtwissen

Nichtwissen

Dem Mysterium begegnest du erst, wenn du bereit bist,
all deine Urteile über richtig und falsch gegen
die schonungslose Nacktheit des Lebens
einzutauschen.

Veit Lindau

Lara-Sophie

Lara-Sophie kam als drittes Kind am 08.09.2003 auf die Welt, von ihrer Besonderheit wussten wir nichts. Ich sah sie das erste Mal kurz nach dem Kaiserschnitt und dachte nur: „Nein, das kann nicht sein! Warum? Ich bin doch erst 27 Jahre alt und unsere Söhne sind gesund!"

Damals war ich noch der Meinung, so etwas „passiert" nur älteren Frauen. Ich wurde eines Besseren belehrt.
Von da ab wurde es turbulent, unser Leben.

Leider hatte Lara-Sophie noch einen schweren Herzfehler im Gepäck, der immer im Vordergrund stand. Ihr Down-Syndrom war nicht das größere Problem für uns.

Von Anfang an wurde sie geliebt und war willkommen auf unserer Welt. Sie bereichert unser Leben trotz vieler Sorgen sehr, ihr Lachen lässt uns vieles vergessen. Leider hat sie darüber hinaus auch noch Autismus, dieser macht ihr und uns hin und wieder Probleme – aber wir schaffen alles irgendwie!

Das Geschenk

Lara-Sophie zeigt uns täglich mit ihrer Unbeschwertheit und ihrer Fröhlichkeit, dass es sich immer lohnt zu kämpfen!

Leara

Leara Johanna Paityn Graser

Ich weinte, als ich Leara das erste Mal sah. Ich trat an ihren Brutkasten – und dort lag sie: Sie war vollkommen und zart. Sie strahlte, hatte wunderschöne Haut, die Hände lagen entspannt. Ein göttliches Strahlen ging aus ihr hervor.

Du kamst aufgrund von massivem Sauerstoffmangel und mehreren Fehlentscheidungen, die kurz vor der Geburt getroffen wurden, mit einer schweren Mehrfachbehinderung zur Welt, erlittest innerhalb von 24 Stunden ein Multiorganversagen, verstarbst, wurdest reanimiert, beatmet und lagst im Koma. Hirntod. Deine Lebenserwartung lag bei vier Tagen.

Meine Mutterschaft begann mit einem sterbenden Kind im Arm. Ich brach innerlich zusammen. Fassungslos, entsetzt, hilflos, ohnmächtig. Tiefer unendlicher Schmerz erfasste mich.

Du warst taub, blind und bewegungslos. Alle Träume, Sehnsüchte und Ideen zerplatzten. Und doch – du berührtest mich auf einer mir unbekannten Ebene. Du wirktest hilflos und doch stark.

Frieden lag in dir – ein Stück Himmel gebar sich in dir. Mit Gott verbunden.

Wahrhaftig versprach ich dir, ich werde dich begleiten – mit all meiner Kraft. Hingabe und Dienen beschreiben die vergangenen elf Jahre. Jeder Tag ist neu und fordert mich heraus – keine Pläne machen, konzentrieren auf den Augenblick. Was tut dir gut? Was ist in DEINEM Sinne?

Ich fühlte in den vielen existenziellen Momenten große Einsamkeit, Überforderung, Hilflosigkeit. Und doch – suchte ich immer wieder nach dem würdevollsten Weg für dich. Was das in der Konsequenz bedeutet, verstehen die allerwenigsten.

Das Leben ist anders, die Inhalte sind anders, die Kontakte sind anders.

Wenn ich erzähle, dass ich Mutter eines Kindes mit schwerer Mehrfachbehinderung bin, spiegelt sich überwiegend eine altbekannte Hilflosigkeit im Blick meines Gegenübers. Dabei wünsche ich mir nichts sehnlicher als die Frage „Wie ist sie denn?“ anstatt „Was kann sie?“.

Wie sie ist?

Zauberhaft. Ursprünglich. Leara berührt dein Herz. Ihr Lachen hat so viele Facetten. Sie ist schelmisch. Sie ist wütend wenn sie missachtet wird. Sie ist beleidigt, wenn man sie wortlos stehen lässt. Sie ist neugierig, wenn sie neue Stimmen hört, und irritiert, wenn man sie nicht begrüßt. Wenn sie Nähe braucht, legt sie ihre Wange auf meine. Wenn sie zart ist, kuschelt sie sich in meine Halsbeuge.

Wenn sie verschüchtert ist, dann dreht sie ihren Kopf in meine Achsel. Sie rümpft die Nase, wenn du sie an der Stirn berührst. Sie bekommt Angst, wenn du mental abwesend bist. Sie mag warmes Wasser und meckert, wenn sie raus muss.

Sie liebt Apfelstrudel und hasst Brokkoli.

Sie lädt dich ein, mit ihr zu SEIN!
STILL – KLAR – WAHRHAFTIG.
Es ist ein heiliger Raum der Begegnung.
Genieße die Schönheit dieses Augenblickes.
Darin liegt Frieden.

Das Geschenk

Leara lehrt uns, vieles neu zu sehen und zu spüren.

Sie berührt im Herzen. Wenn ich Leara begegne, werde ich innerlich ruhig. Meine Sorgen sind weggeblasen. Sie fordert mich heraus in der Frage: „Was ist JETZT wirklich wichtig?"

Wenn ich auf mein zärtliches „Hi, Kleine!" eine Reaktion erhalte, so erfüllt mich dieser Augenblick mit wahrhaftiger tiefer stiller Freude. Leara zeigt uns den Wert einer nackten, ehrlichen, tiefen, wortlosen und würdevollen Begegnung.

Leben

Leben

In jeder Sekunde deines Seins stehe ich rufend, drängend, bebend vor dem Haus deiner Seele. Ich klopfe auf tausend verschiedenen Weisen an deine Tür. Laut wie der Schrei eines wütenden Kindes und still wie die Ewigkeit des Alls. Wild und fordernd zerre ich an dir, um dich im nächsten Augenblick behutsam zu umarmen.

Ich habe keine Wahl. Ich werde nichts unversucht lassen.

Bis du mir öffnest – weit und bedingungslos. Bis du mir alles schenkst, was du hast und was du bist.

Wo bist du?

Ich brauche dich.

Dein Leben

Veit Lindau

Leo & Fiona

Wir haben ganz besondere Zwillinge: Leo & Fiona. Leo hat das Down-Syndrom, Fiona nicht.

Dass ich, als ich im Anschluss an die Geburt von Leos Zusatzchromosom erfahren habe, geschockt war, kann ich nicht behaupten, denn das war ich nicht. Der Herzfehler, den Leo hatte, der schockte meinen Mann und mich weitaus mehr. Dieser musste mit vier Monaten operiert werden und war lebensbedrohlich. Doch das meisterte Leo mit Bravour. Das Down-Syndrom machte mir weniger Angst.

Natürlich haben wir einige Tage lang daran geknabbert. Aber: Niemand trägt Schuld, es ist, wie es ist. Und von den Menschen, die uns emotional nahestehen, hat keiner in irgendeiner Weise befremdlich oder ablehnend reagiert.

Leo war von Anfang an ein Sonnenschein, auch wenn er mittlerweile seinen Dickkopf gerne durchsetzen möchte – aber welches Kind möchte das nicht? Der Unterschied in der Entwicklung zu seiner Schwester ist natürlich allgegenwärtig: Den haben wir beide tagtäglich vor Augen, doch da sind wir hineingewachsen. Leo ist ein glückliches Kind, das mit Sicherheit merkt, dass andere ihm zeitweise voraus sind, doch das hat ihn bisher nur angespornt. Was die Zukunft diesbezüglich bringt, das wissen wir nicht. Aber wer tut das schon?

Seine Zwillingsschwester fordert und fördert ihn auf ganz spezielle Weise. Sie zeigt ihm jeden Tag, was es heißt, besonders geliebt zu werden. Sie weiß viel schneller als wir Eltern, was Leo uns sagen möchte, was ihn bedrückt oder was ihn wütend macht. Doch trotzdem muss auch uns Eltern klar sein: Fiona ist Fiona und Leo ist Leo.

Fiona ist ein ganz normal entwickeltes dreijähriges Mädchen, Leo mit Sicherheit

kein regelrecht entwickelter dreijähriger Bub, auch wenn Ärzte und Therapeuten ihm für das Down-Syndrom eine gute Entwicklung bescheinigen. Aber das macht nichts. Auch die Kinder im Kindergarten hier bei uns im Dorf nehmen Leo, wie er ist. Und es ist gut so, wie es ist.

Wir Eltern haben Kontakt zu anderen Eltern von Kindern mit Down-Syndrom aufgebaut. Der Austausch mit Menschen mit ähnlichen Erfahrungen, Gefühlen, manchmal auch Hürden, tut einem einfach gut. Sich selbst darf man auch als Eltern von Kindern mit Handicaps nicht vergessen.

Vielleicht ertappt man sich auch ab und an dabei, dass man mit seinem Schicksal hadert. Denn wir sind alle nur Menschen. Aber für nichts im Leben gibt es eine Garantie. Wir lieben unsere Kinder über alles und genauso, wie sie sind, Leo mit 47 und Fiona mit 46 Chromosomen. Für uns hätte sich nie die Frage gestellt, ob Leo leben darf oder nicht. Hätte Leo nicht leben wollen, wäre er nicht auf die Welt gekommen und würde sich nicht so am Leben erfreuen. Man muss sich weder schämen, noch muss man sich ständig denken: „Wieso wir?“

Wir vier gehören einfach zusammen, wir haben uns gegenseitig ausgesucht und es passt genauso, wie es ist.

Das Geschenk

Die Besonderheit bei unseren Zwillingen hat uns gezeigt, dass man nicht vermeintlich perfekt sein muss, dass nicht alles nach Plan laufen muss, um ein glückliches und erfülltes Leben zu führen. Leos Geschenk an uns war zu erkennen, dass nicht nur Leistung und schnelles Vorankommen im Leben zählen, sondern dass ein Verharren im Moment, der Genuss dessen, was man hat, unsere positiven Gefühle noch viel stärker zum Leben erweckt, als es uns vor der Begegnung mit unseren Kindern möglich gewesen wäre.

Gott

Ich versuchte, ihn zu finden am Kreuz der Christen, aber er war nicht dort. Ich ging zu den Tempeln der Hindus und zu den alten Pagoden, aber ich konnte nirgendwo eine Spur von ihm finden. Ich suchte ihn in den Bergen und Tälern, aber weder in der Höhe noch in der Tiefe sah ich mich imstande, ihn zu finden. Ich befragte die Gelehrten und Philosophen, aber er war jenseits ihres Verstehens. Ich prüfte mein Herz, und dort verweilte er, als ich ihn sah. Er ist nirgends sonst zu finden.

Rumi

Mama

Meine Mama ist mein Human Angel. Sie ist nun 54, ich bin 21.

Mit 20 hatte ich einen schweren Autounfall, bei dem ich als Beifahrerin schwer verletzt wurde. Ich bin irgendwann im Krankenhaus aufgewacht und habe gemerkt, dass etwas mit mir nicht stimmt. Ich konnte mich nicht richtig bewegen und das Schlimmste: Mein rechter Arm war gelähmt. Komplett. Zu diesem Zeitpunkt ahnte ich noch nicht, was sich alles für mich verändern würde.

Mein Lichtblick war sie: meine Mutter. Sie war immer für mich da.

Die Diagnose war: Plexusläsion. Was sollte das sein? Ich wusste nur, ich kann meinen Arm nicht bewegen und diese Schmerzen hörten nicht auf, Sie waren unerträglich und nahmen kein Ende. Mutti hat alles versucht, um mir meinen Leidensweg irgendwie erträglich zu machen. Sie war jeden Tag im Krankenhaus und hat mich gewaschen. Das ist auch etwas, was man sich schwer vorstellen kann. Ich kann mich nicht mehr an den Unfall erinnern, aber gefühlt bin ich 90 geworden. Als ich dann zu Hause war, hat sie mich weiter gepflegt, alles für mich getan. Hatte ich Schmerzen, war sie da, hat alles versucht und sich gesorgt, wie es nur eine Mutter tun würde.

Das alles zu erleben war schrecklich. Niemals würde ich dies einem anderen Menschen wünschen, aber die Beziehung zu meiner Mutter ist so stark geworden, weil wir vieles erlebt haben, was andere nicht nachvollziehen können, genauso wenig wie ich nachvollziehen kann, wie es ist zu glauben, sein Kind verloren zu haben.

Ich hab sehen und spüren dürfen, was wahre Liebe ist und was sie bedeutet. Es bedeutet, alles aufzugeben und einen anderen Menschen mehr zu lieben als alles andere auf der Welt.

Als ich dann nach zwei OPs, zwei Aufenthalten im Krankenhaus und einer Reha versucht habe, etwas eigenständiger zu werden, war das sehr schwer für meine Mutter, das sah man, aber sie ließ es zu. Dafür danke ich ihr von ganzem Herzen.

Aber nicht nur ein Dankeschön, sondern eine Entschuldigung ist angebracht für jede Situation, in der ich meinen Frust an ihr ausließ – und davon hatte ich eine Menge ... Und was hat sie getan? Mir immer mehr und mehr Liebe gegeben.

„Liebe mich, wenn ich es am wenigsten verdient habe, denn da brauch ich es am meisten“, so ist es wirklich und genau das hat sie getan.

Ich möchte mich nur bedanken bei meiner Mutter – für alles – und konnte vielleicht einen anderen Einblick geben für betroffene Eltern und auch für die, die es nicht kennen.

Man darf nie aufgeben oder zweifeln!

Liebe ist DAS Wort.
Die Liebe zwischen Mutter und Kind, wie in meinem Fall, ist das Schönste, das es gibt. Man kann damit so viel erreichen.

Ich brauche meine Mutter, egal, wie ich bin. Ohne sie wäre ich nichts und nie so weit in meinem Heilungsprozess. Es ist die einzig wahre Liebe und die tausche ich niemals ein.

Mama? Ich liebe dich mehr als jeden anderen Menschen!

Das Geschenk

Du gabst mir Liebe und die Gewissheit, dass alles gut wird und man alles erreichen kann. Egal, wie schwer die Situation auch sein mag: Es gibt immer einen Weg, man muss nur bereit sein, sein Leben in die Hand zu nehmen und diesen Weg zu gehen.

Mein/unser Weg war und ist noch hart, aber gemeinsam schaffen wir alles und nichts und niemand schafft es, mich und meine Mutter zu entzweien.

Sie ist wie ein schützender Engel, der Engel, der mich ins Leben brachte und wegen dem ich am Leben teilhaben kann.

Jetzt

Jetzt

Unser Spiel läuft immer jetzt. Jetzt ist unsere Chance. Jetzt streben wir nach dem Höchsten. Jetzt wollen wir alles. Jetzt geben wir alles. Es ist simple Logik: Jetzt ist alles, was wir haben. Also setzen wir alles auf JETZT!

Veit Lindau

Marius

Unser Geschenk des Himmels heißt Marius. Er wurde am 24.12.1998 geboren und ist somit unser ganz persönliches Christkind. Auch wenn wir alle nicht wirklich gläubig sind, zeigt er uns doch seit diesem Tag, dass man an eines im Leben immer glauben kann: nämlich an den Zusammenhalt und die bindende Liebe der Familie.

Marius leidet am Dravet-Syndrom. Er wurde „gesund" geboren und erlitt mit etwa drei Monaten seinen ersten heftigen Krampfanfall, seitdem hat sich unser aller Leben schlagartig und drastisch einmal komplett in die andere Richtung gedreht ...

„Unser Leben ..." – „wir" sind eine Großfamilie: Mama Diana, Papa Holger, meine zwei großen Schwestern Bianca und Olivia, ich, die „Mitte" Roxana, und meine kleine Schwester Romina. Marius sollte ebenso eine Schwester werden ..., umso größer war die Überraschung, als wir alle Mann zum Heiligen Abend mit Freund und Kegel im Schlepptau ins Krankenhaus gestiefelt sind und uns unsere Mama offenbaren musste, dass Schwesterchen nun doch einen Schnippi hat ... :)

Viele, viele Jahre sind seit seinem ersten Anfall vergangen, bis man uns zu 100 Prozent diagnostizieren konnte, an was er leidet. Sämtliche Krankenhaustorturen mussten er und meine Eltern durchstehen, viele Nächte hab ich sie weinen hören, oft hätten wir ihn beinahe verloren und doch habe ich das Gefühl, dass er familiär das Beste ist, was uns passieren konnte.

Viele Weltansichten haben sich durch ihn geändert, viele Freunde und Bekannte haben sich durch ihn auf Behinderungen sensibilisiert, so viele Gesichter bringt er tagtäglich mit seiner frechen Art zum Lächeln und vor allem eines hat er bis jetzt alle gelehrt, die ihm begegnet sind: Dankbarkeit.

Man verliert so vieles im Alltagsstress aus den Augen, mir fällt so oft auf, über was sich die Leute heutzutage aufregen, den Kopf zerbrechen, wie sie wütend auf Dinge reagieren, die ich absolut als nichtig betrachte – und das finde ich traurig. Man sollte wirklich jeden Tag so genießen, als wäre es der letzte – und das ist nicht nur so ein dahergesagtes Sprichwort.

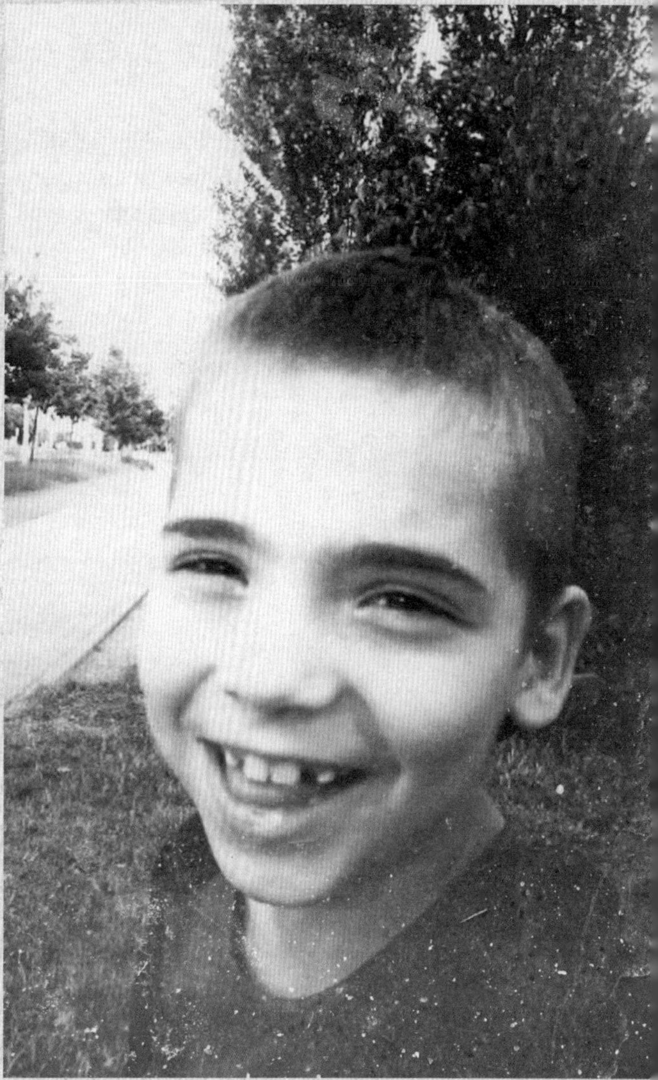

Wir waren vorher schon eine starke Familie, aber mittlerweile würde ich sagen: Trotz Trennung meiner Eltern und vieler weiterer durchlebter Rückschläge sind wir zur stärksten Familie herangewachsen, die es gibt. Auch wenn es oft Zank gibt, finden wir immer wieder zusammen, weil wir einfach gelernt haben, wie wichtig wir uns alle sind – und dazu hat Marius wohl den größten Teil beigetragen.

Doch nicht alles hat sich positiv geändert, das ist ganz klar. Auch wurden unsere Augen nicht nur im positiven Sinne geöffnet ... Die Bürokratie des deutschen Staates hat meiner Mama so oft ein Bein stellen wollen, ja, sie hat es sogar. Tausend Wege, die man sich hätte sparen können, musste meine Mama allein gehen. Wege, die das Leben einfach nur noch schwerer gemacht haben.

Das Geschenk

Ich möchte hiermit alle Menschen, die ebenfalls einen persönlichen Schutzengel besitzen, aufmuntern, weiterzumachen – weiterzukämpfen. Egal, wie schwer die Situation auch sein mag: Euer Engel ist es wert, stark für zwei zu sein.

Allen anderen, die so ein Schicksal nicht durchleben müssen oder mussten, möchte ich hiermit mitteilen, einfach froh sein zu können, jeden Tag frei von Leid leben zu können.

Wir lieben unseren „Malle" so, wie er ist, und genießen jeden Tag mit seinem Lachen ... :)

Das Dunkle

Das Dunkle

Wir missbrauchen wohlklingende Konzepte nicht, um der Dunkelheit des Lebens aus dem Weg zu gehen. Wir wissen, dass das Dunkle vor allem eins ist: ein begrenztes Urteil im Geist des Betrachters. Ausgrenzung und Verleugnung kreieren nur noch mehr Kampf. Wir sind bereit, unsere Urteile immer wieder los, und Geist und Herz vom Leben weiten zu lassen. Das sogenannte Dunkle ruft nach dem Licht unseres tieferen Verstehens. Das Schmerzhafte sehnt sich nach Mitgefühl. Das Hässliche ist verborgene Schönheit, die darauf wartet, von uns erkannt zu werden.

Veit Lindau

Melissa Rosalie

Unser „Human Angel“ ist MELISSA ROSALIE.

Sie hat ein Chromosom zu viel, Down-Syndrom T 21.
In diesem Sinne hat Melissa uns vieles voraus.
Heuer, im August 2015, feiert Melissa ihren zwanzigsten Geburtstag!
Melissa arbeitet als Servicemitarbeiterin nur 3 km entfernt – in einem 4-Sterne-Seminar & Hotelbetrieb des Vereines „ProMente“ in Wesenufer an der Donau. Dies nennt sich: fähigkeitsorientierte Tätigkeit für 30 Stunden/Woche.

Unsere Beziehung zu Melissa – die es so besonders macht, daran teilhaben zu können, ist erfüllt von innerer Ruhe, von klarem Verstand im Bezug darauf, was Sinn macht in jeglicher Situation im Leben. Sie bringt uns bei, uns nicht immer so zu stressen: Warum schnell laufen, wenn langsames Gehen völlig ausreicht?! Wir haben gelernt, dass sie ihre Ziele in ihrem eigenen Tempo angeht ...

Jene Minute, in der mir klar wurde, da passiert gerade etwas Einzigartiges, war so: „Jessas – bin ich froh, so jung (21 Jahre) Melissa bekommen zu haben!“ Ich rechnete automatisch: Was würde sein, wenn ich dann älter bin? Wie gut kann ich sie darauf vorbereiten, dass Melissa ihren Weg machen kann, wie sie es will? Welche Therapien machen Sinn und welche nicht?

Die größte Herausforderung lag darin, nach Ende der Schulzeit (18 Jahre) einen für sie geeigneten Platz im Leben zu finden. Dazu hatte ich klare Angaben von Melissa: KEINE WERKSTATT!, denn eine solche Tätigkeit reiche aus, wenn sie in Pension gehe ... Zudem hatte ich die Schwierigkeit (wir leben auf dem Land), etwas Passendes für sie zu finden. Es entstand ein Dreijahreskampf mit Behörden und Institutionen. Dort, wo wir endlich eine Zusage erhielten, stand im Raum der schreckliche Satz: „Ja, Eintritt ab Todesfall eines anderen ist garantiert ..." Zudem begann ich schon Jahre zuvor mit Erkundungen: Wie und was ist möglich für Melissa? Diese Tätigkeit, zu schauen, welcher Kindergarten, welche Schule sie aufnehmen würde, begann immer mindestens drei Jahre zuvor.

Unsere Phasen im Leben waren bestimmt von vielen Hochs, aber auch von Tiefs. Melissa schaffte es jedoch – ohne große Kommunikation –, es mit mehr Leichtigkeit zu nehmen als ich. Davor habe ich größten Respekt!

Vergesst euer SELBSTMITLEID! Denn wenn ich mit diesem Aspekt auf Melissa zugehe, dann geht immer alles in die Hose – aber so richtig! Menschen mit Handicap wollen wahrgenommen werden – wie DU und ICH.

Ich sehe es nicht nur bei der Berührung mit dem Down-Syndrom, sondern einfach überall! Jene Menschen haben ein Gespür dafür, ob du ehrlich, offen oder mitleidig auf sie zugehst! WIR „Normalos“ sind Getriebene im System. Jene Mitmenschen mit Handicap hinterfragen ganz einfach! Muss das so sein, perfekt zu sein, warum auch und für wen – für das System?

Daher liebe ich alleine die Körper- und Augensprache, die einem so viel Wunderbares im Leben offenbaren kann! Diese Fähigkeit, auf den Mitmenschen einfach zuzugehen und einfach da zu sein – fällt mir auf –, geht oft verloren!

Das Geschenk

Ganz gleich, was kommt: Versuche, in dir die Kraft zu finden, weiterzumachen! Schau auf dich und sei die Mitte in dir! Nimm Hilfen an, wenn nicht – suche danach! Sei offen und ehrlich zu dir selbst – so hilfst du dir und anderen zugleich.

Nähe

Wir fürchteten uns, aber wir blieben im Feuer der Nähe stehen.
Wir berührten einander.
Das Dunkle kam ins Licht.
Das Licht gab sich dem Dunklen hin.
Das Hässliche offenbarte seine eigene zarte, leise Schönheit.
Alte Wunden brachen auf und heilten.
Das Tier tobte sich aus und kam zur Ruhe.
Das Göttliche küsste sich in uns wach.
Und in all dem fand der Mensch seinen Frieden.

Veit Lindau

Michael

Der Valentinstag 1992 stellte unser Leben radikal auf den Kopf. Das war der Beginn der besten Lebensschule, die man sich wünschen kann. So ganz freiwillig war das natürlich nicht. Michael kam qualvoll, ganz blau und mit aufgerissener Schädeldecke auf die Welt. Ich selber verlor dabei sehr viel Blut und hätte auch daran sterben können.

Der Schock saß tief, hatten wir uns doch die Geburt unseres ersten Kindes ganz anders vorgestellt ... Nichts deutete auf eine Risikogeburt hin. Ich war jung und gesund, die Schwangerschaft verlief traumhaft. Die folgenden Tage und Wochen erlebten wir wie in Trance, hilflos Ärzten und Spitälern ausgeliefert und hatten gar keine Zeit, das Erlebte zu verarbeiten. Später kamen Krankheiten wie Epilepsie, mehrere Gelenkoperationen und längere Spitalaufenthalte hinzu, die jeweils sehr viel an Kraft kosteten. Wir eiferten jeder Möglichkeit hinterher, alles auszuschöpfen, was eine „Verbesserung" seines Zustands bringen könnte.

Bis heute hat sich unsere Optik zum Glück verändert – und was für uns damals gar nicht in Ordnung war, ist heute gut.

Michael ist gut so, wie er ist. Er ist echt, fröhlich, lebenshungrig, lustig und sehr spontan. Seine jüngere Schwester Rahel, die er über alles liebt und mit der er auch gerne mal „abrockt", sagte schon als kleines Kind, sie verstehe die Menschen gar nicht, wenn sie ihn so anguckten, Michael sei doch ganz normal. Mit diesem besonderen Bruder aufgewachsen zu sein, darf sie sich glücklich schätzen, sehr früh gelernt zu haben, was manche Menschen nie lernen, nämlich jeden so anzunehmen, wie er ist. Besonders dankbar sind wir für all die schönen Begegnungen mit wundervollen Menschen, die ohne unseren Sohn nie möglich gewesen wären.

Michael berührt jeden Menschen auf irgendeine Art. Manche versuchen wegzu-

schauen, andere lassen sich berühren. So oder so zieht auch heute noch eine tiefe Dankbarkeit, manchmal sogar Ehrfurcht in mein Herz, wenn ich beobachten darf, wie sich jeweils diese zwei Menschen begegnen, ganz ohne Worte. Michael spricht nicht mit Worten, sehr wohl aber mit seinen wachen Augen und dem ganzen Körper. Heuchelei durchschaut er blitzschnell. Von einer solchen Person wendet er sich schon mal ab, auch wenn diese ihm freundlich die Hand reicht. Geht jemand echt auf ihn zu und ist bereit, zu seiner Ohnmacht zu stehen, wird er mit dem schönsten Lächeln belohnt! Michael fährt sehr gern Ski (Dualski). Wir fahren jeden Winter mit ihm in die Berge. Dort ist er allein mit seinem Skilehrer unterwegs und wir staunen immer wieder, wie er diese Männer für sich gewinnt. Sie verstehen ihn – ganz einfach, weil sie offen dafür sind. Wir haben gelernt, nicht alles unter Kontrolle haben zu müssen, in Liebe anzunehmen, was ist. Das ist wohl das schönste Geschenk dieser Schule und so wunderbar befreiend.

Das Geschenk

... Michael – wie er lebt, liebt und lacht. Mit seinem unbekümmerten, vertrauensvollen Wesen ist er für uns Eltern, aber auch für viele andere Menschen, ein Vorbild. Er berührt und bewegt all jene, die es zulassen können.

Als Mutter fühle ich eine tiefe Dankbarkeit, dies erleben zu dürfen. Ich möchte meinen Mitmenschen nur zurufen: Seid mutig und bedauert uns nicht, denn die Anstrengung, einen solchen Menschen zu begleiten, steht in keinem Verhältnis mit dem großen Schatz, den man bekommt!

Moana

Mein wundervoller Engel wird jetzt neun Jahre alt! Das ist ein Wunder!
Sie ist ein Wunder!

Moana wurde mit Trisomie 18 (Edward-Syndrom) geboren. Sie gilt als schwerst mehrfachbehindert. Was auch immer das heißt.

In den ersten eineinhalb Jahren ihres Lebens wurde Moana per Sonde ernährt, da sie viel zu schwach zum selbstständigen Essen war. Eine Herz-OP kam dazwischen, welche ihr überhaupt ein Hiersein ermöglichte und sie von ihren Anfällen und der Atemnot erlöste. Es folgten chronische Blasenentzündungen, Lungenentzündungen mit vielen Aufenthalten in Krankenhäusern und auf Intensivstationen. Immer wieder führten wir viele Diskussionen und Auseinandersetzungen mit Ärzten, Krankenkasse, Ämtern.

Moana hat sich wahrlich kein leichtes Leben gewählt, denn ihr Körper wird immer wieder von Krankheiten geplagt, die sie und mich mit dem Tod konfrontieren. In der einen Minute ist sie dieses zarte, freudige, lebendige Geschöpf und im nächsten Moment ist der Schmerz da, Schwäche, die Ewigkeit, die sie fortziehen möchte.

Ich als Mutter war lange Jahre in einem Schockzustand. Zumindest kann ich das aus heutiger Sicht erkennen.

Ich war beim besten Willen nicht auf das vorbereitet, was ich in den letzten Jahren erfahren durfte. Es dauerte fast zwei Jahre, bis ich meine Tochter wirklich als mein Kind annehmen konnte, und noch länger, um mich von der Aussage des Arztes in der ersten Nacht zu erholen, dass sie nicht lange zu leben hätte – und wir damit rechnen müssten, dass sie in ihren ersten Lebenstagen wieder versterben würde.

Ich werde nie dieses Bild vergessen, wie wir Eltern wenige Stunden nach der Geburt vor der Klinik auf einer Bank saßen, unsere winzige Tochter in ein weißes Krankenhaushandtuch eingewickelt in meinen Armen liegend, und wie wir beide sie eng umschlungen so voller Verzweiflung und Tränen in Ewigkeit gehüllt ansahen.

Unbewusst legte ich mir in diesem Zustand einen Mantel von innerem Abstand um, um nicht zu tief verletzt zu werden, wenn sie wieder gehen würde. Sie war doch mein Kind!

Halt und Richtung gab uns der Papa von Moana. Er ist ein starker Kämpfer, wenn es um das Leben von Moana geht. Ich denke, wir drei haben alle sehr viel gekämpft in diesen neun Jahren. So waren wir ständig auf der Suche nach dem nächsten Schritt.

Wir trafen auf unserem Weg so viele wirklich gute Heiler, Therapeuten und wenige Ärzte, welche immer wieder diese kleinen Chancen stärkten, die Moana ein angenehmes Leben zu schenken vermochten. Diese tiefen Begegnungen führten dazu, dass ich meiner Tochter ihren Platz in meinem Herzen wieder geben konnte. Irgendwann nach fast sieben Jahren wusste ich plötzlich, dass es nicht mehr ein Kampf UM Moanas Leben war, sondern ein Leben MIT Moana. Und diese Erkenntnis fühlte sich auf allen Ebenen so unglaublich befreiend an!

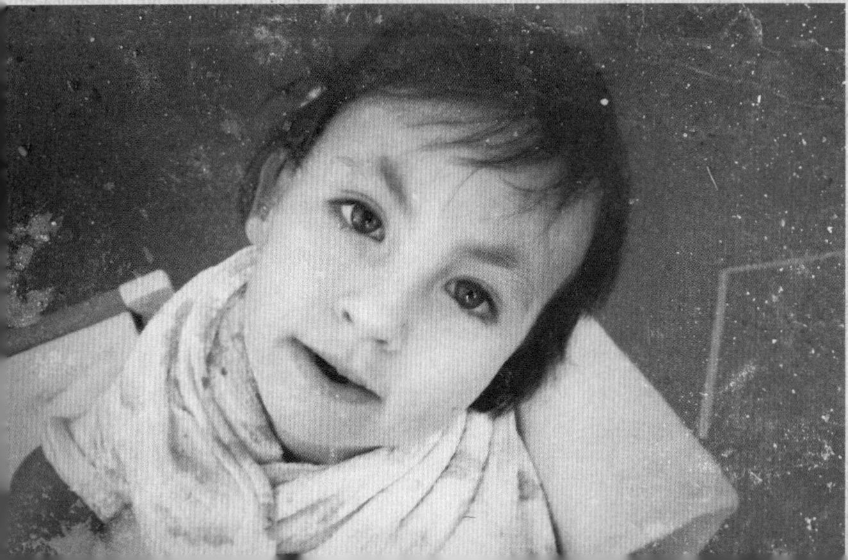

Das Geschenk

Ich kenne keinen Menschen, der so viel Annahme, Gleichmut, Liebe, Dankbarkeit, Freude, Lebendigkeit, Tod, Einfach-Sein ausstrahlt wie Moana. Seit ihrer Geburt sehe ich mich in einem reißenden Strudel von (Grenz-)Erfahrungen, Loslassen, Erschöpfung, Anspannung, Flexibilität, Wachstum und ständigem Wach-Sein. Voller Dankbarkeit kam ich in den letzten zwei Jahren endlich wieder an die Quelle von tiefer Freude und lebendigem Lachen heran, welche ich nun so herzlich gerne mit meiner Tochter teile.

Verständnis

Wir finden den Höhepunkt unserer Hingabe in den Tiefpunkten unserer Verzweiflung, dem Feuer unseres Zorns, der Dunkelheit unserer Trauer genauso wie auf dem Gipfel unserer Siege. Erst, wenn wir bereit sind, dem Licht und dem Schatten vorbehaltlos gegenüberzutreten, werden wir das Leben wirklich verstehen.

Veit Lindau

Nicklas

Wir haben unseren Schutzengel kennenlernen dürfen, er ist unser Sohn, mein Bruder. Er heißt Nicklas und wurde im April 2000 mit einer erblich bedingten Stoffwechselkrankheit geboren. Erst nach einigen Monaten stellte man diese (noch sehr unerforschte) Krankheit fest. Er war bis zu seinem Tod 2011 auf unsere Hilfe in fast jeder Situation angewiesen. Er saß im Rolli und wir hatten eine eigene Sprache entwickelt, um uns mit ihm zu verständigen. Anderen, die ihn nur selten sahen, fiel es schwer, mit ihm zu kommunizieren. Außerdem musste er eine ketogene Diät einhalten, was bedeutete, Essen mit viel Fett und nur wenigen Kohlenhydraten zuzubereiten – und oft, extra zu kochen.

Aber wir taten es gerne, da es ihm damit anfänglich besser ging. Ein Mal am Tag war es ihm erlaubt, einen Schokobonbon zu naschen.

Es sind eben manchmal die kleinen Dinge, die einen glücklich machen – in jeder Hinsicht. Trotz dieser Einschränkungen war er ein lebensfroher Bengel und versuchte, jede Hürde zu meistern und nach seinen Möglichkeiten an jeder Aktivität teilzunehmen.

Wir ermöglichten ihm den Besuch in einer „normalen" Kindertagesstätte, um den Umgang mit Gleichaltrigen zu gewährleisten. In diesen Momenten ist man immer wieder erstaunt, wie locker Kinder mit Behinderten generell umgehen, im Gegensatz zu den meisten Erwachsenen, die auf Fragen von Kindern antworten: „Schau da nicht so hin!"

Auch zur Schule ging Nicklas, wie jedes Kind, manchmal gerne und manchmal hatte er einfach gar keinen Bock drauf und wollte lieber noch eine Folge Calliou sehen. Die Schule war eine Behindertenschule für körperlich und geistig Behinderte. Dort fand er viele Freunde, die ein ähnliches Schicksal teilten, das entfachte immer wieder neuen Mut und Energie. Er war jedoch oft von sich selber enttäuscht und lebte in seiner eigenen kleinen Welt. Zum Ende ging es ihm ziemlich schlecht, er verlernte vieles und war fortan immer mehr auf unsere Hilfe angewiesen. So begleiteten wir unseren kleinen Kämpfer bis zum Schluss.

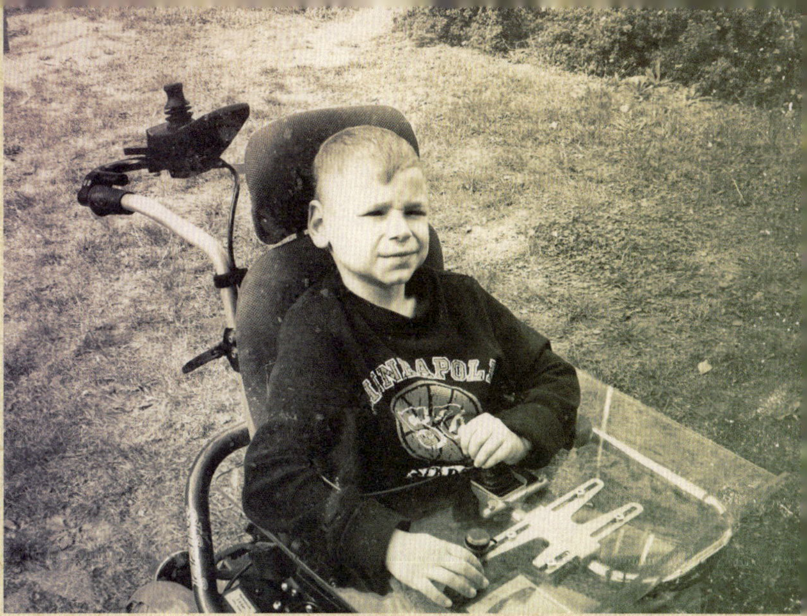

Wie wir das geschafft haben, wissen wir nicht. Warum man uns nur so wenig Zeit gab, auch nicht. Aber eines wissen wir: Wir hatten eine wunderschöne Zeit zu viert und mit dem Rückhalt der Familie kann man fast alles schaffen.

Wir haben gelacht, wir haben geweint, wir haben das Beste daraus gemacht und alle zusammen alles gemeistert. Nun sind wir zu dritt, doch immer noch ist Nicklas bei uns in unseren Herzen und Gedanken. Irgendwie sind wir doch immer noch zu viert. Wir waren und wir sind ein Team.

Das Geschenk

Nicklas ist ein super Mensch gewesen, er hat uns vieles gelehrt. Zum Beispiel, dass es die kleinen Dinge im Leben sind, die zählen. Dass der Zusammenhalt alles bedeutet. Dass jeder Mensch auf seine Art besonders ist und die Fantasie eines Menschen übersinnlich werden kann, wenn man nur fest genug daran glaubt. Dass ein Lachen wahre Wunder bewirken kann. Dass positives Denken jedem Menschen Flügel verleiht. Und dass jeder Tag im Leben kostbar ist und einzigartig.

Mama, Papa und Nathi lieben Dich!

Daniela & Nicole

Ich bin eine Mutter von zwei Töchtern, Daniela und Nicole. Meine Kinder sind das Wichtigste in meinem Leben! Die ersten drei Jahre mit Daniela waren perfekt, ich war glücklich mit meiner Prinzessin!

Dann wurde im Juli 1995 Nicole geboren, alles war scheinbar in Ordnung. Die ersten Monate waren ganz normal, mein Gefühl sagte mir, dass Nicole eine sehr starke Bindung zu mir hat. Auch ihre Schwester war eine ganz wichtige Bezugsperson für sie. Mir fiel auf, dass Nicole sehr wenig gesprochen hat, der Kinderarzt vermutete eine Schwerhörigkeit. Es wurden Paukenröhrchen eingesetzt und die Rachenmandeln entfernt, was allerdings keine Besserung gegeben hat. Ich war dann in der Frühförderstelle. Später ging Nicole in eine Vorschule für Sprachförderung. Wir waren bei vielen Ärzten, es wurde immer behauptet, dass Nicole in ihrer Entwicklung etwas verzögert sei und dass sich das mit der Zeit schon geben werde.

In meinem ganzen Leben werde ich den Tag niemals vergessen, als ich erfahren musste, was mit meinem Kind ist – es wurde mir in diesem Moment mein Herz herausgerissen. Ich habe alleine in meinem Auto gesessen und las in dieser Selbsthilfebroschüre, dass mein Kind sterben werde – und das im Kindesalter. Sie würde nicht mehr sprechen können und auch das Schlucken würde nicht mehr gehen. Was sollte ich tun? Ich habe nicht mehr aufhören können zu weinen.

Plötzlich war Daniela in meinem Kopf, sie war noch in der Schule, noch eine Stunde. Ich wollte nicht mehr leben, hab nicht mehr klar denken können. Daniela war aber auch noch da ... Sie braucht mich doch! Ich glaube, dass es die Liebe zu Daniela war, die mich zum Arzt führte. Bei meinem Hausarzt bin ich zusammengebrochen, hab nur noch geschrien. Ich bekam eine Spritze, die mich ruhigstellte. Die nächsten Wochen war es nur möglich, mit Medikamenten weiterzumachen.

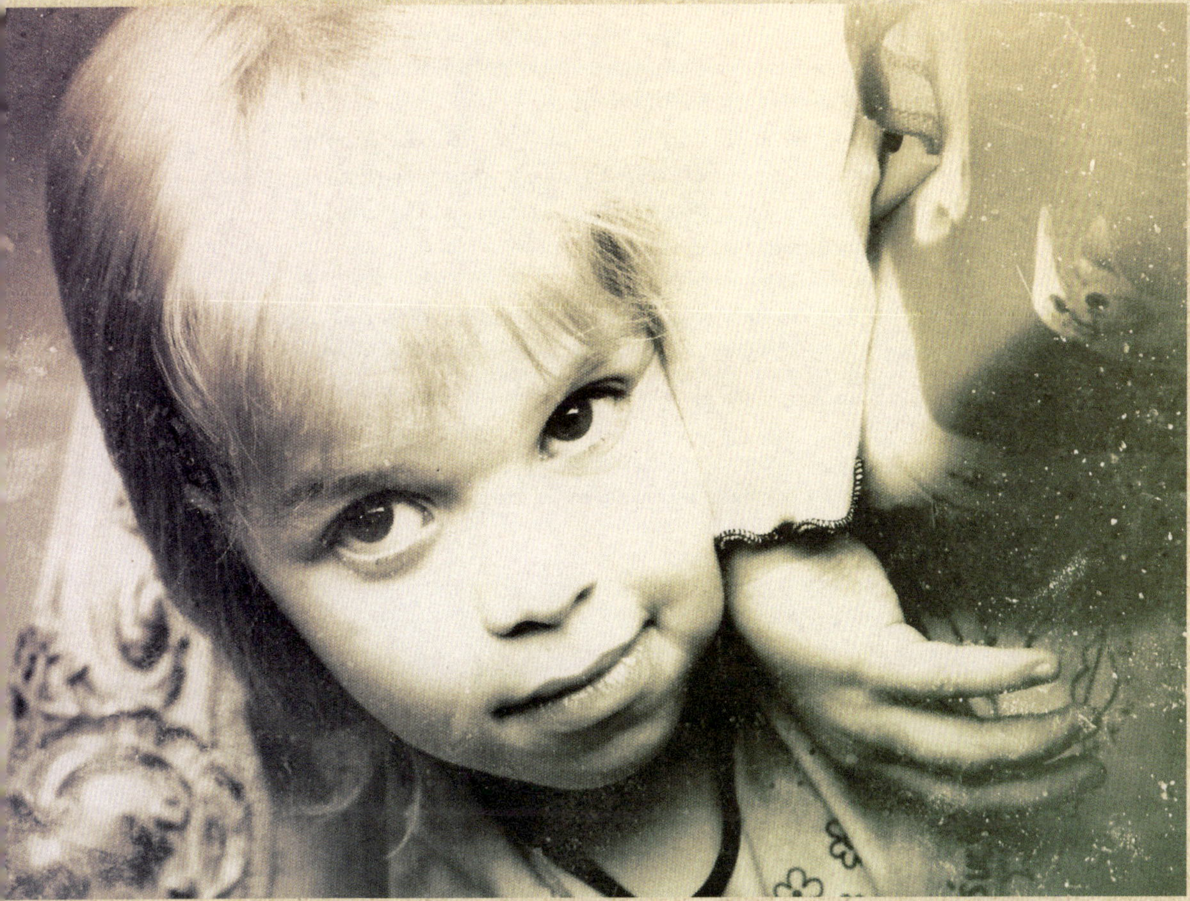

Daniela habe ich es nicht sagen können. Da ich oft Probleme hatte mit meinem Mann, konnte ich ihn dafür verantwortlich machen, wenn Daniela nachfragte.

Die Krankheit von Nicole war eine sehr seltene Stoffwechselkrankheit: Mukopolysaccaridose Typ 3a, sie ist nicht heilbar. In Aschaffenburg, meiner Heimatstadt, gab es eine Selbsthilfegruppe, dort fand ich Hilfe bzw. jemand zum Reden. Ohne Therapie und Antidepressiva habe ich nicht funktionieren können. Ich wollte es einfach nicht hinnehmen, dass man nichts tun kann, durchforstete das Internet, aber ohne Ergebnisse. Von den Ärzten konnte man auch nichts erwarten. Die Jahre vergingen, aber die Angst und die Trauer sind meine ständigen Begleiter. Ich versuchte, es zu verdrängen und es mir schönzureden.

Mein Engel wird am 12. Juli 2015 trotz aller negativen Prognosen 20 Jahre alt. Sie ist in ihrer geistigen Entwicklung wie ein zweijähriges Kleinkind, das Sprechen ist auch nicht mehr da, nur einige Worte wie „Pudding“, „Schokolade“ und „Dankeschön“ kommen manchmal.

Aber das Schönste von Nicole ist noch da: ihr strahlendes Lachen – das gibt mir Kraft, wann immer ich sie brauche.

Das Geschenk

Nicole hat mir immer wieder Mut gemacht, weiterzukämpfen und nie aufzugeben! Das Wichtigste im Leben ist die Liebe zu seinen Kindern!

Daniela und Nicole: Ich danke euch beiden von ganzem Herzen für eure Liebe!

Vertrauen

Vertrauen kannst du nur gewinnen, wenn du dem Leben direkt und verletzlich begegnest, ohne Hoffnung und Versicherung auf einen guten Ausgang. Vertrauen in das Leben beruht nicht auf der Anhäufung von Argumenten und Beweisen, dass es schon gut gehen wird. Es ist eine existentielle Wahl jenseits aller Gründe. Es ist die radikalste Wahl, die du treffen musst.

Menschen, die dieses tiefe Vertrauen gewählt haben, leben anders. Nicht sicherer, aber gelassener, sanfter, risikobereiter und stiller.

Veit Lindau

Patrick

Unser Patrick ist am 10. Februar 2013 im Alter von 16 Jahren gestorben. Er litt an einer seltenen Hirnfehlfunktion. Als er geboren wurde und die Diagnose gestellt war mit einer Lebenserwartung deutlich unter zehn Jahren, brach für mich eine Welt zusammen. Noch wusste ich nicht, welch großes Geschenk wir bekommen hatten.

Ich war sehr sehr traurig und flüchtete mich in die Arbeit. Meine damalige Ehefrau begann sich zu informieren, ob es irgendwie Heilung geben konnte – no way. Nach und nach lernten wir mit Patricks schwerer Behinderung umzugehen. Er konnte keine willentliche Bewegung ausführen, nicht reden usw. Ihm fehlten die wichtigen Gehirnwindungen. Lissenzephalie mit Epilepsie. Wir gaben ihn mit vier Jahren schweren Herzens in ein Heim für schwerstbehinderte Kinder. Dort konnte er entsprechend versorgt werden. Auch waren wir als Eltern mit unseren Kräften am Ende. Unsere Ehe war nicht mehr tragbar und wir trennten uns.

Patrick ging es sehr gut in dem Heim. Er bekam eine einzigartige Pflege voller Hingabe der dortigen Pflegekräfte. Oft fuhr ich Patrick besuchen. Obwohl ich nicht mit ihm auf herkömmliche Weise reden konnte, lernte ich eine Ebene kennen, mit ihm zu kommunizieren. Wenn ich seine Hand hielt, brauchte er schon nach wenigen Minuten weniger Sauerstoff, sein Puls ging herunter und ab und zu lachte er und hielt sogar Augenkontakt.

Durch meinen Engel Patrick stellten sich automatisch neue Wertvorstellungen bei mir ein. Ich war glücklich, wenn er einmal nicht auf die Intensivstation für längere Zeit musste. Er hatte einen Auftrag in seinem kurzen Leben, den ließ er sich auch von den Ärzten nicht zerreden. Patrick kämpfte mindestens 15-mal ums Überleben, die Ärzte gaben ihn oft auf, ich wusste immer: Er geht noch nicht.

Als sein Tod nahte, spürte ich es und war auch bereit, ihn gehen zu lassen. Meine Exfrau und ich haben ihn in den letzten drei Tagen seines Lebens begleitet. Ich hielt seine Hand, als er starb, und dankte ihm für sein Dasein auf Erden.

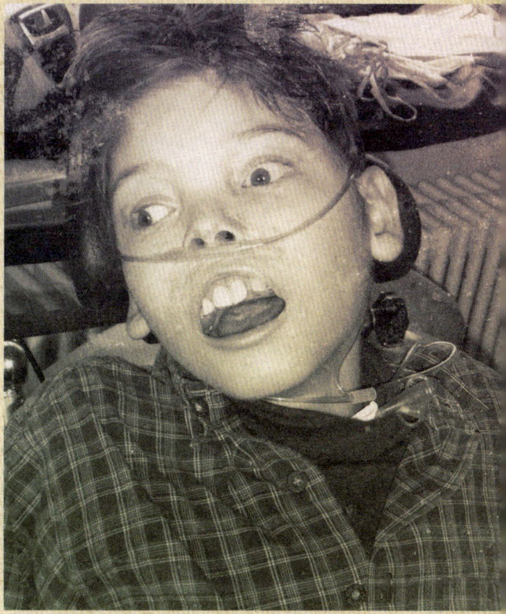

Ich bin nicht dran zerbrochen, sondern glaube durch ihn an ein Leben nach dem Tod in anderer Dimension. Patrick ist immer bei mir, wenn er dann mal Zeit hat – lächel – er spielt bestimmt mit anderen Kindern, die früh wieder die Erde verlassen haben.

Zeit ist für mich relativ. Viele Menschen schaffen nicht das Pensum dieses kleinen starken Sohnes. Er hat gezeigt, was Liebe ist, – und darauf bin ich stolz. Ich bin Vater von sechs Kindern, jedes Kind ist etwas Besonderes. Patrick war ein vollwertiger Bruder, mit Behinderung, seine Geschwister haben durch die Besuche sehr früh gelernt, dass Menschen mit Behinderung genauso wertvoll und voller Liebe sind wie Menschen ohne Behinderung. Ich empfinde große Dankbarkeit, dass meine lebenden Kinder gesund sind. Für mich hat Genügsamkeit großen Wert. Ich liebe das Leben mit all seinen Facetten. Danke.

Das Geschenk

Liebe ist bedingungslos.
Zeit ist relativ.
Gesundheit ist ein großes Gut.

Verena

Ein Leben kann so viel sein, ein Auf und Ab mit Hoffnungen, Träumen und Zielen.

Wie schnell ändert sich ein Leben bei der Geburt eines Kindes, wie sehr ändert sich erst das eigene Leben bei der Geburt eines „besonderen Kindes".

Man steht auf dem Kopf, fällt ins Bodenlose – alles ist von jetzt an anders! Man hat Angst, Zweifel und Wut! „Warum ich?" – Auch diese Frage taucht auf: „Trau ich mir das überhaupt zu?"

Ängste steigen hoch ins Bewusstsein ...!

So war es auch bei mir vor 27 Jahren. Prognosen hallten in meinem Kopf: „... nie laufen, nie sprechen, kein eigener Antrieb ..., verkürzte Lebenserwartung!" Ein Schlag ins Gesicht einer Mutter!

Gegen viele anderslautende Stimmen nahm ich die Herausforderung an, alleinerziehend, mit Liebe und unglaublichem Glauben an die Zukunft. Ohne Hilfestellung von Ämtern und Behörden ... Oft wusste ich nicht, wovon ich täglich Nahrung kaufen sollte, wovon Miete oder Ähnliches bezahlen. Ein „besonderes Kind" ohne Vater und ohne Unterhalt zu begleiten, das war eine große Aufgabe. Heute – 27 Jahre später – blicke ich zurück, zurück auf viel Arbeit, Stunden der Angst, Momente der Hoffnungslosigkeit und des unglaublichen Glücks – mit meinem „besonderen Kind".

Alle Prognosen konnte ich durch meinen eigenen Umgang mit „dem Kind", wie es oft nur genannt wurde, meiner Verena, widerlegen. Ich machte mein eigenes Ding, hörte auf das, was mir mein eigenes Inneres sagte. – Sie durfte nackt in Farbe baden, hat Stunden mit der Katze gelegen und hörte mit mir Stapel von Musik-CDs. Wir robbten durch Blätter, durch Höhlen, tasteten uns an Felsen entlang und kämpften um das tägliche Leben. Alles, was du, Verena, heute kannst, war ein harter Kampf und viel Training. Was hat es Kraft gekostet, deine Hand zu öffnen, um ohne Angst ein Tier berühren zu können. Was hat es an Ausdauer gekostet, dich den Ton eines Staubsaugers aushalten zu lassen. All diese Momente, all diese Zeiten mit Krankenhaus, Krankengymnastik und Gehörtraining, … lernen, lernen, lernen, jeden Tag, jede Stunde.

Und heute? Du, meine Tochter, quasselst mich unter den Tisch. Schwärmst von Jungs und gehst seit Jahren reiten. Du lebst seit einigen Jahren deinen Rhythmus, in einem anthroposophischen Dorf, und arbeitest in der Dorfkäserei, in der Gärtnerei und mit dem Vieh. Du liebst Musik, spielst Handtrommel, trällerst den ganzen Tag und steckst jeden an mit deinem Lachen und deinem Charme. Du liebst die Natur, läufst über Stock und Stein und sammelst Kochrezepte ohne Ende. Was für eine Entwicklung ...!

Meine Tochter, ich bin unendlich stolz auf dich, ich habe viel durch dich gelernt – und lerne noch immer. Mit deinem Bruder und deinem Stiefvater bilden wir ein Netz aus Liebe und Sicherheit für dich, unser „Zwerglein".

Das Geschenk

Verena: Ihre Geburt gab mir einen neuen Beruf, eine Berufung. Lange Jahre habe ich meine Tochter und viele andere Menschen begleiten dürfen. Und jede Begegnung hat mich reifen und erfüllter werden lassen.

Liebe Menschen, nehmt euch Zeit für eine Begegnung mit besonderen Menschen. Sie sind es, die uns oft das Wesentliche im Leben aufzeigen.

Liebe Eltern, Prognosen sind die eine Seite – Hoffnungen die andere.

Sicherheit

Sicherheit

Nichts ist sicher. Das ist sicher.
Wo in deinem Alltag versuchst du noch verzweifelt zu kontrollieren,
was nicht zu kontrollieren ist?
Was würde geschehen, wenn du aufhörst zu kämpfen?
Was wäre, wenn du loslässt?
Atme tief durch.
Öffne die verkrampfte Faust.
Lass das Ufer los. Werde zum Fluss.
Wenn alles gegangen ist, was bleibt übrig?
Kannst du mit dieser Frage sein, bis dich die eine Antwort findet,
die dir Frieden bringt?
Schau der Nacktheit deiner Seele ins Antlitz,
bis du eins mit ihr geworden bist.

Veit Lindau

Behinderung als Chance für eine behinderte und behindernde Welt?

Ein Nachwort von Dr. Ruediger Dahlke

In Bregenz erlebte ich auf einem Kongress einmal einen Abend der Down-Kinder. Er war so berührend wie sie selbst. Am Eingang ergriff ein kleines Down-Mädchen meine Hand und küsste sie. In Handküssen ungeübt, war ich berührt und erinnere diese Begrüßung bis heute. Wer würde schon einem wildfremden Mann im Vorbeigehen die Hand küssen – außer ein Trisomie-Kind? Ist das distanzlos wie Psychiater sagen? Spontan tauchte die Frage in mir auf: Wer ist hier eigentlich behindert? Das Mädchen mit seiner spontanen Nähe oder wir mit unserer antrainierten Distanz oder erst Psychiater, die unser Elend für normal und spontane Lust auf Nähe für verrückt erklären?

Die Besucher dieses besonderen Kongresses zum Thema Down-Syndrom hatten wahrscheinlich schon objektiv bessere Tänze, Musikdarbietungen und Gedichte erlebt, aber wenige wohl subjektiv ergreifendere. Den Höhepunkt bildete das berührende Plädoyer der Organisatorin, in Zukunft wieder Down-Kinder in unserer Gesellschaft leben zu lassen, statt wie im Augenblick über 90 Prozent nach Fruchtwasserpunktionen abzutreiben. Das sei unverantwortlich, sagt die moderne Effizienzgesellschaft. Richtig, Down-Kinder steigern das Bruttosozialprodukt kaum, sie bringen nur Freude und Berührtheit ins Leben. Und wer tut das heute sonst noch?

Viele Vor- und Nachworte hab ich schon geschrieben, zu diesem glaube ich mehr als sonst berechtigt zu sein. Naomi, meine Tochter, hat sich nämlich entschieden, mich als Vater zu wählen. Sie hat uns Eltern vieles mit- und auch schon einiges beigebracht. Ihre Lehrmethode ist unnachahmlich und schwer beschreibbar – und so will ich einiges scheinbar weniger Wichtige vorbringen, hoffend, das wirklich Wichtige zeige sich darin.

Naomis Mutter und ich haben vieles in Schulen und an Universitäten gelernt. Weil es mir sehr leichtfiel, habe ich gern gelernt – meist aus Büchern und mit Disziplin und Konzentration. Wirklich Wichtiges aber hat mir das Schicksal ganz anders beigebracht – und da war Naomi seine so wichtige Handlangerin. Sie ist in vieler Hinsicht ganz anders und ergänzt uns, ihre Eltern, auf unerwartete Art – und sehr weise.

Naomi ist therapieresistent und verfügt über keinerlei Disziplin oder Konzentration, sie lebt und lehrt vielmehr spontan aus dem jeweiligen Augenblick und durch ihr bloßes Sein – ziemlich genau, wie es Gurus tun.

Natürlich weiß ich aus gut 50-jähriger Meditationspraxis: Wirklich wichtige Dinge sind einfach. Naomi hat keine Meditationsseminare besucht. Als sie drei Jahre alt war, saßen wir zusammen in Italien im Garten und „stocherten". Stochern war damals eines unserer wichtigeren Spiele im Herbst. Man sitzt dabei auf dem Boden und spießt Blätter auf ein kleines Stöckchen.

Stochern ist also sehr einfach und ich hielt mich damals schon für etwas weiter fortgeschritten und habe folglich nicht mit letzter Hingabe und nicht einmal besonders aufmerksam gestochert. Da ich gerade einmal wieder irgendetwas lernte, hatte ich mir – heimlich natürlich – ein kleines Buch mit zum Stochern genommen. Links von mir stocherte Naomi, rechts von mir lag das kleine Wörterbuch. Das ging aber nicht lange gut. Naomi kletterte auf ihre langsame Art auf ihre Füße, stapfte um mich herum, klappte mein Wörterbuch zu, kehrte an ihren Platz zurück und stocherte weiter.

Sie macht ja keine Worte – bis heute nicht – aber ich verstand sie besser als all die Worte, die ich schon von Zen-Meistern gehört und in weisen Büchern gelesen hatte.

Wie oft habe ich Patienten und Kursteilnehmern davon erzählt, wie wichtig es sei, ganz im Augenblick zu verweilen. Das üben wir in unseren Zen-Kursen, wo wir zehn Tage fasten, schweigen und meditieren. Naomi macht das nie – und immer öfter denke ich, weil sie das gar nicht braucht. Sie ist auf ihre Weise im Augenblick und lehrt es uns auf ihre Art. Ich erkläre Kursteilnehmern, Zeit sei Illusion – und anschließend machen wir Jahrespläne und packen unsere Agenda voll. Sage ich zu Naomi: „Nächste Woche fahren wir nach Italien!", steigt sie ins Auto und ist schon bereit. Sie spielt das Spiel des Lebens im Augenblick.

Vielleicht hielten die alten Mexikaner und Indianer Menschen wie Naomi deswegen für heilig. Aber vielleicht sollten wir niemanden für heilig erklären, es macht uns andere so unheilig. Schöner finde ich die Idee des Zen-Buddhismus, der kein heiliges Buch braucht, weil alles heilig ist. An Naomi und den anderen Kindern ihrer großen Familie, die wir heutzutage durch Fruchtwasserpunktionen auszurotten suchen, können wir das manchmal besonders berührend erleben.

So kann ich also dieses Nachwort aus persönlicher Berührtheit und Betroffenheit schreiben, habe ich doch mit Naomi einen kleinen großen Schatz, den wir erst mit der Zeit so richtig schätzen lernten. In der Schwangerschaft und nach der Geburt waren wir durch ihr Erscheinen und ihre Art (heraus)gefordert und es dauerte, bis wir in ihr das große Geschenk erkannten, das sie immer schon war.

Kinder sind Gottesgeschenke, weiß der christliche Volksmund, und heute müssen sehr viele sehr lange auf solch ein Gottesgeschenk warten, anderen wird es gar nicht mehr zuteil. Das dürfte unserer gleichermaßen überforderten und überfordernden Umwelt geschuldet sein.

Es geschieht immer, was du willst, oder etwas Besseres, sagt eine östliche Weisheit. Ein behindertes Kind kann zum Testfall für solche Lebensweisheiten werden. Geschenke abzulehnen, sie umzumodeln oder auch nur Bedingungen an sie zu knüpfen, ist stillos und eigentlich unmöglich. Für das Geschenk eines Kindes gilt das in besonderem Maße. Einem geschenkten Gaul schaut man nicht ins Maul, weiß dazu das Sprichwort. Geschenke sind anzunehmen, selbst wenn sie nicht dem eigenen Geschmack entsprechen. Bei behinderten Kindern, die für Jahrzehnte das eigene Leben verändern und vielleicht sogar bestimmen, fällt es natürlich besonders schwer, sie so – wie das Schicksal sie gemeint hat – als Gottesgeschenke zu erkennen und anzunehmen. Tatsächlich lassen erstaunlich viele überforderte Eltern Down-Kinder gleich im Krankenhaus. Der schöne Gegenpol: Sie werden rasch adoptiert, weil inzwischen genug kinderlose Eltern sie als jene Schätze würdigen, die sie sind – ganz Gefühl und Emotion in einer Welt von Intellekttigern. Wer sie annimmt, erlebt mit ihnen noch mehr und deutlicher als mit anderen, normalen Kindern, wie sehr das Sprichwort recht hat mit seinem Ausdruck „Gottesgeschenk". Und warum sollte es bei einem Geschenk Gottes mit dem Annehmen anders sein als bei profanen Geschenken des Alltags?

An behinderten Kindern versuchen viele moderne Eltern als Mitglieder einer Gesellschaft, die generell mit Behinderungen Probleme hat, besonders viel zu verbessern und umzuarbeiten mit dem Ziel, sie auf so normal wie möglich zu trimmen. Nirgendwo wird wohl mehr gehadert und „herumgedoktert".

Obwohl Naomis Mutter, die Frau meiner ersten Lebenshälfte, und mich die spirituelle Philosophie verbindet, in der Annehmen und Geschehenlassen besonders hohen Stellenwert haben im Sinne des „Dein Wille geschehe", reagierten wir anfangs wie von dieser Gesellschaft erwartet. Das übliche Motto lautet, wenn schon ein Down-Kind, dann wird – unter Nutzung all unserer Möglichkeiten – alles versucht, ihm ein möglichst normales Leben zu bieten. Aber unübersehbar war von Anfang an, wie wenig Naomi daran interessiert war. Sie verweigerte ebenso entschieden wie frühzeitig praktisch jede (Früh-)Förderungsmaßnahme. So brachte uns Naomi allmählich erst wieder auf den Stand, der sowieso unserer Philosophie entspricht.

Obwohl ein so friedfertiges Wesen, das nie schrie und kaum weinte, machte sie keinen Hehl aus ihrer Abneigung gegen Therapeut(inn)en und all jene, die sich ihr „pädagogisch" näherten. Bereits als kleines Baby leistete sie beim Betreten des Hauses einer Krankengymnastin solch für sie untypischen Widerstand, dass wir die Maßnahme zurückstellten und schließlich aufgaben. Anfangs dachten wir, es läge vielleicht an der betreffenden Therapeutin oder ihrer Methode, bis Naomi uns sehr klarmachte, wie grundsätzlich sie gegen solche Anpassungsmaßnahmen war. Nur bei Menschen, die ihr besonders sympathisch sind, nimmt sie deren Therapeutensein sozusagen missbilligend in Kauf. Dann spielt sie auch mit, aber sicher nicht so weit, dass ihr Einsteigen als eines auf die jeweilige Therapie missgedeutet werden könnte. Jahrelang achtete sie strikt darauf, mit dem von ihr sehr geschätzten Logopäden nicht einmal zufällig eines ihrer wenigen Worte auszutauschen. Sie trank aber gerne mit ihm Tee und ließ sich „bespielen".

Einmal entwickelten wir die Idee, es mit einer Musik- beziehungsweise Rhythmustherapie zu versuchen wegen Naomis früher Vorliebe für Tanzen und Singen. Wir luden also eine Rhythmustherapeutin ein, mit uns für Wochen nach Afrika zu reisen an einen von Naomi geliebten Ort, um dort mit ihr zu „arbeiten". Damals wussten wir noch nicht, wie wenig sie daran denkt, zu arbeiten oder gar an sich arbeiten zu lassen mit dem Ziel ihrer „Normalisierung". So blieb die sympathische Trommellehrerin also von ihr gänzlich unbeachtet in den Therapiestunden, während sie es durchaus liebte, am Abend mit uns allen mitzusingen und zu trommeln. Sobald es aber im pädagogischen Sinn um sie ging, war sie auch abends zu nichts zu gewinnen. Schließlich gaben wir auf, um ihr nicht Rhythmus und Musik zu verleiden, und machten gemeinsam Urlaub – ab diesem Moment hatte Naomi gar kein Problem, die Musiktherapeutin ins Herz zu schließen. Mit ihrer Löwe-Sonne hat sie auch nichts dagegen, im Mittelpunkt zu sein, es darf nur in keine therapeutische oder gar pädagogische Richtung ausarten. Was für eine Therapie für zwei Therapeuten wie uns Eltern! Es gibt ein Leben ohne Therapie, voller Spaß und Freude!

Schließlich verstanden wir. Es ging nochmals um dieselbe Lektion: Annehmen und Loslassen (von unseren Normalisierungsansprüchen) oder einfacher, mit meinen Lieblingsworten von Byron Katie, „lieben, was ist".

Wer Naomi gar nicht begreifen will, bekommt ihre geradezu archetypisch direkte Zeichensprache ab. Dann bringt sie auch schon einmal den Mantel als eindeutige Aufforderung, nun doch lieber zu gehen. Mit Sprache ist sie im Gegenpol zu mir ausgesprochen sparsam, aber wenn es dann reicht, sagt sie heute auch schon mal: „Weg!". Diese drei Buchstaben müssen reichen, und sie tun es in der Regel.

Kompromisslose und manchmal auch kompromittierende Direktheit ist eines ihrer „Markenzeichen". So hat sie einmal dem Chef meines wichtigsten Verlages, kaum hatte er sich nach mehrstündiger Anreise auf dem Sofa zum Gespräch niedergelassen, den Mantel mit eindeutiger Aufforderung gebracht. Rückwirkend betrachtet, hatte sie recht: Das von ihm vorgetragene Projekt war gar nichts für mich, sondern nur für mein Ego, und wäre ich so klar wie sie gewesen, hätte ich uns viel Zeit sparen können.

Warum nur, fragte ich mich anfangs, hat sie sich zwei Therapeuten als Eltern gesucht mit so vielen Möglichkeiten auch im komplementären Bereich, um ihre Situation zu bessern, zu erleichtern, sie zu fördern und zu entwickeln? Sie verschliss die besten und nettesten Craniosakraltherapeuten, Fußreflexzonenkünstler und universitären Down-Syndrom-Koryphäen in Rekordzeit und auf kompromisslose Art. Sie war wohl eher zu uns gekommen, um zu zeigen: Therapie ist nicht alles. Und alles muss auch nicht hingebogen werden.

Ihre Brille, die sie bei –4 Dioptrien aus meiner ärztlichen Sicht dringend brauchte und die wir aus leichtestem Titan und besten, dünnsten Gläsern und kindermäßig hübsch für ein Mädchen wie sie hatten anfertigen lassen, hat sie ein paarmal interessiert aufgesetzt. Die plötzlich scharfe und größere Welt hat sie staunend angeschaut, um sie jedes Mal sehr entschieden wieder abzusetzen und in ihre kleine weiche – verschwommene – Welt heimzukehren. Selbst zur Brille hätten wir sie zwingen, um nicht zu sagen vergewaltigen müssen. Schließlich hat sie sie auf einer Autobahnfahrt durch den schmalen Fensterspalt gequält und entsorgt. Rückwirkend sehe ich: Es brauchte sehr deutliche Symbole, bis wir, ihre Eltern, begriffen, worum es ging: Lieben, was ist.

Eine Zeit lang ging sie gerne in den „normalen" Dorfkindergarten der Caritas, nachdem sie vorher alle Versuche mit Down-Gruppen strikt boykottiert hatte und auch mit den bemühten Montessories nichts anfangen konnte oder wollte. Wir hatten einmal sogar die ganze Down-Gruppe zu uns nach Hause verlegt, falls die fremde Umgebung sie störe. Naomi floh daraufhin umgehend ins oberste Stockwerk und verkroch sich unter einem Teppich. Als das Elend vorbei und die anderen Kinder ihr Revier wieder verlassen hatten, reagierte sie unübersehbar erleichtert. Recht bald ließ sie sich auch befragen. Sie hauchte ein zustimmendes Ja oder hielt sich bei Nein die Augen zu. Gefragt, ob die Kinder wiederkommen sollten, machte sie die Augen lange nicht mehr auf.

Den Kindergarten beendete sie abrupt, als ein rüpelhafter, lauter Junge in die Gruppe kam, sich über sie lustig machte und grob zu ihr war. Das gab sie sich kein zweites Mal. Konsequenz lässt sich gut von ihr lernen. In einer so grundsätzlichen pädagogischen Frage hart zu bleiben und sie gegen ihren Willen in den Kindergarten zu schleppen, widerstrebte uns. Wir versuchten es ganz kurz, was uns heute noch leidtut. Sie litt, ließ sich in ihrer Ablehnung nicht erweichen und war spürbar froh, als auch dieses Elend ein Ende hatte.

Inzwischen ist Naomi 24 und hat uns – auf ihre Art – vieles beigebracht und von sich aus auch einiges gelernt. So wie sie nach vier Jahren – schon fast wider Erwarten – von einem Tag auf den anderen aufhörte, an der Brust zu trinken, wechselte sie mit knapp acht Jahren und nach unglaublich vielen Pampers zur Kloschüssel. So brachte sie uns bei, was der Bibelpsalm nicht geschafft hatte, dass alles seine Zeit hat und sie in allem ihre ganz eigene.

Hätten wir nicht von den vielen archaischen Völkern gewusst, denen langes Stillen als natürlich und gut gilt, hätte uns wohl unter den ständig auf uns einprasselnden guten Ratschlägen der Mut verlassen. Als Ergebnis verzichtete Naomi aufgrund dieser langen anstrengenden Saugerfahrungen und von uns organisierten exzessiven Seifenblasenorgien auf die typische offene Mundstellung der Down-Kinder. Mediziner, die so langes Stillen ablehnen, hatten zu quälerischen Schikanen wie Gaumenplatten geraten, um nicht einmal sicher ein ähnlich gutes Ergebnis zu bekommen. Wohl durch das lange Stillen war Naomi auch weit weniger erkältet als andere, normale Kinder.

Eine der wichtigsten Erfahrungen mit Naomi ist: Alles kommt, wenn die Zeit dafür reif ist, aber das kann eben dauern und braucht viel Geduld. Und es hat keinerlei Sinn, sie an normalen oder auch anderen Down-Kindern zu messen. Der Ehrgeiz vieler Eltern und besonders Mütter, den diese auf Spielplatzbänken verbreiten, schadet schon deren Kindern erheblich, für Down- oder andersartige Kinder ist er fürchterlich.

Als Geschenk und Belohnung empfinden wir, dass Naomi – nach Diagnose ihrer einzig akzeptierten Therapeutin – im Gegensatz zu so vielen auf Normalität und Leistung getrimmten Trisomie-Kindern keinerlei Verhaltensstörung hat.

Natürlich hätte sie in Deutschland in eine Sonderschule gemusst, was mit anderen Down- und behinderten Kindern für sie ein Alptraum gewesen wäre. Wir fanden

Verständnis bei einem weniger strengen als weisen Schuldirektor. Aufgrund ihrer Geschichte gelangte er zu dem Schluss, sie habe keine Schulpflicht, sondern ein Schulrecht. Davon machte sie – mit großer Beharrlichkeit und meinen Entschuldigungen über Jahre – keinen Gebrauch.

Wenn es schon sonst keine zwei gleichen Kinder gibt, warum sollten Trisomie-21-Kinder gleich sein? Unsere Erfahrungen sind deshalb auch nicht zu verallgemeinern. Aber sie haben uns zu Fragen angeregt, wie: Macht es Sinn und vor allem ist es im Sinn des Gottesgeschenkes, diese Kinder unter großen Anstrengungen aller Betroffenen zu etwas so Relativem wie Normalität zu zwingen?

Natürlich ließe sich anführen, auch ganz normale Kinder widersetzten sich Förderungsmaßnahmen wie der Schule. Fast alle Kinder lieben Regressionen und fliehen gern vor Herausforderungen auf den Schoß der Mutter. Andererseits zeigen sie aber auch deutliche Anzeichen von Entwicklungswünschen. Sie sind stolz auf jedes Jahr, das hinter ihnen liegt, und auf jeden Zentimeter, den sie wachsen, und reißen sich beim Familiespielen um die Rollen der Eltern, wohingegen mangels anderer Freiwilliger die Katze als Kind in den Wagen muss. Trisomie-Kinder entwickeln diesbezüglich weniger Ehrgeiz. Jedenfalls konnten wir in zwei Jahrzehnten davon bei Naomi wenig wahrnehmen. Von ihrer Physionomie und Art bleiben Kinder mit Down-Syndrom sehr lange Kinder und altern fast übergangslos.

Ihr Lebenszyklus erscheint deutlich abgewandelt im Vergleich zum vertrauten Lebenskreis. Lange Kind geblieben, werden sie nach der Lebensmitte offenbar rasch wieder zu Kindern im Sinne des christlichen Auftrages.

Ist es möglich, dass ihre Aufgabe in diesem Leben darin liegt, möglichst intensiv und lange Kindheit zu (er)leben? Nehmen wir die – ebenfalls mit dem 21. Chromosom zusammenhängende – Häufung der Alzheimer´schen Erkrankung bei ihnen hinzu, wird daran das Thema „wieder zu werden wie die Kinder" nur in seiner Schattenversion deutlich . Wir hoffen, Naomi diese Schattenreise erspart zu haben, indem wir ihr eine exzessive und erfüllte Kindheit erlaubten, die tatsächlich mit 24 noch anhält.

Nach diesem „Krankheit als Symbol“ folgenden Gedanken ist es höchst unsinnig, ihre Kindheit mit anstrengenden und häufig frustrierenden Versuchen von Erwachsenwerden zu belasten, das sowieso nicht wirklich eintritt und in ihrem Leben gar keine wesentliche Rolle zu spielen scheint. Im Weltbild der spirituellen Philosophie ist es naheliegend, dass der Versuch, Down-Kindern das Kindliche so früh und so weit wie möglich auszutreiben, mit frühzeitig wieder ausbrechender unerlöster Kindlichkeit von Alzheimer bezahlt wird. Erfahrungen mit über 30 Jahren Schatten-Psychotherapie zeigen, dass wir uns nichts wirklich ersparen, aber vieles aufschieben können. Aufgeschobenes wird dabei nicht leichter, sondern im Gegenteil meist schwerer.

Nach den „Schicksalsgesetzen“ hat jeder Mensch die Aufgabe, seinen Weg zu finden unter Verwirklichung seiner speziellen Fähig- und Möglichkeiten. Da gibt es Menschen, die, mit viel Intelligenz ausgestattet, offenbar zum Verständnis der Welt beitragen sollen. Und es gibt Menschen, deren Hauptaufgabe im Fühlen und emotionalen Empfinden liegt. Zu letzteren gehören die meisten als geistig behindert Eingestuften. Einseitige Überschätzung des Intellekts lässt uns häufig übersehen, wie viel reicher sie bei Gefühlen und Emotionen vom Schicksal beschenkt wurden. Trisomie-Kinder sind – auf der Lebensprinzipienbene – dem Mondprinzip näher und bleiben es auch viel länger. Und weil dieses Prinzip so weitgehend in der modernen Welt missachtet wird, sind sie noch viel wichtiger für diese Welt.

Medizinisch gesehen fehlt ihnen tatsächlich nichts, sie haben im Gegenteil mehr abbekommen, als es zur Verteilung des Erbgutes kam. Zu den üblichen 46 haben sie noch ein halbes Chromosom hinzubekommen. Es ist für all die ins Auge springenden Unterschiede verantwortlich.

Wer sich gar nicht auf Intellekt und Verstehen der Welt verlassen kann, entwickelt natürlich eine ganz andere Art, sich der Welt gefühlsmäßig zu nähern. Letztlich bewahren Trisomie-Kinder sich so viele wundervolle Eigenschaften kleiner Kinder viel länger, gehen etwa „anstandslos“ auf Menschen zu, die sie mögen, auch auf solche, die sie noch nicht kennen, und umarmen sie. In den deutschsprachigen, diesen Kindern gegenüber sehr reservierten Ländern, wird das für Eltern oft zum Problem, schon in Italien ist es keines mehr und führt im Gegenteil zu neuen Kontakten. Eltern, die das Anderssein ihres Kindes annehmen, erleben, wie sie Liebe und Zuwendung ganz offen und ohne alle Hemmungen gezeigt bekommen.

Down-Kinder sind ungleich weniger gehemmt im Zwischenmenschlichen, sie trauen sich zu zeigen und zu leben, was sie fühlen. Die psychiatrische Worthülse „distanzlos“ erklärt dieselbe zu einem positiven Wert. Dabei: Wer leidet schon an Nähe – und wie viele unter Distanz und dem daraus folgenden Alleinsein, der Vereinsamung, in der modernen Gesellschaft? Unser Problem ist doch offensichtlich mehr die ungesunde Distanz zwischen uns als gefühlsmäßige Nähe und emotionaler Austausch.

Down-Kinder können uns überaus distanzierten Erwachsenen verraten, was es heißt, Spaß und Freude am Leben zu haben. Von sich aus machen sie nur, was (ihnen) Freude macht. Das würden wohl normale Kinder auch tun, zwängen wir sie nicht schon früh und mit Erfolg in die entgegengesetzte Richtung. Down-Kinder setzen dem „natürliche“ Grenzen, die wir – nach unseren Erfahrungen mit Naomi – oft viel mehr respektieren könnten. Ganz im Augenblick lebend, kümmern sie sich weder um Morgen noch um Gestern. So tun sie eigentlich genau, was die heiligen Schriften der Völker empfehlen – und leben im Moment. Manchmal kommt mir vor, die Schöpfung leiste sich immer einige solcher Menschen, die Kinder bleiben, um so uns anderen zu zeigen, was damit gemeint ist, nach der ersten Hälfte des Lebens umzukehren, um wieder zu werden wie die Kinder.

Betrachten wir Menschen nur noch danach, was sie zu leisten imstande sind und wie viel sie verdienen, landen wir bei US-amerikanischen Verhältnissen. Die Frage ist: Wollen wir das wirklich? Religionen und Weisheitslehren aller Länder und Zeiten machen deutlich, wie unsinnig diese Entwicklung ist. Down-Kinder zeigen auf ihre wundervolle Weise und als Meister des Zwischenmenschlichen, wie sehr es um ganz andere Werte im Leben geht.

Sie brauchen zu allem viel länger. Aber bekommen uns denn unsere Getriebenheit und Hetze wirklich gut? Aus ärztlicher Sicht jedenfalls nicht. Sich auf das Tempo von Down-Kindern einzulassen, hieße, langsamer und gesünder zu leben.

Und wollen wir nicht alle etwas ganz Besonderes sein? Liegt die Lösung wirklich in der Egoverwirklichung? Down-Kinder haben diesbezüglich wenig Ehrgeiz. Sie sind mehr an der Gemeinschaft ihrer Familie interessiert und insgesamt näher am Kollektiven. Insofern ähneln sie ein wenig den frühen Menschen vor der Entwicklung unseres eindrucksvollen Großhirns.

Tatsächlich sind sie auch so etwas wie eine große weltweite Familie. Sie ähneln nicht so sehr ihren Eltern, was diese beziehungsweise deren Ego oft beleidigt, sondern verkörpern stattdessen so etwas wie das Kindliche in dieser sich so übertrieben erwachsen und intellektuell gebenden Welt. Ihre Ähnlichkeiten und Familienbande sind grenzüberschreitend und ihr Thema ist Kindlichkeit.

So spricht einiges dafür, Trisomie-Kindern ihre Kindlichkeit zu lassen und sie wieder unter uns nicht nur zu dulden, sondern zu schätzen, wie es Anthroposophen tun, wenn sie von unseren „Sonnenscheinen“ sprechen. Wir sollten wenigstens sie nicht unter Lern- und Erfolgsdruck setzen wie den Rest der Welt. Tatsächlich gibt ja heute auch schon Entwicklungshelfer, die begreifen, wie viel besser es ist, die letzten archaischen Kulturen einfach in Ruhe zu lassen, statt sie ständig mit Hilfs- und Förderungsmaßnahmen zu überziehen, die zwischenmenschliche Lebensformen auflösen.

Eine deutsche Sonderschulbildung ist für einige Trisomie-Kinder wie Naomi jedenfalls nicht das höchste der Gefühle, aber mit Druck erreichbar. Die Frage ist der Preis. Trisomie-Kinder haben starken natürlichen Bezug zum höchsten der Gefühle, der Liebe. Das mit ihnen zu genießen, könnte wichtiger sein, als sie Pünktlichkeit zu lehren und einfache Verrichtungen, die heute jede Maschine akkurater macht. Auch haben Down-Kinder oft einen wundervollen Humor und strahlen berückende Freundlichkeit aus. Könnte es sein, dass es dieser Welt viel mehr an Menschen mangelt, die sie wie Naomi mit unzähligen bunten Seifenblasen überziehen und etwas rutschiger machen, die gute Stimmung verbreiten und vorrangig an Spaß und Lebensfreude interessiert sind, während sie niemandem etwas zuleide tun und allen Freude schenken?

Ein hochintelligentes Kind – wie es nach den Erbgesetzen zu erwarten gewesen wäre – hätte uns wahrscheinlich stolz gemacht. Aber Stolz war gar nicht, was unserem Leben fehlte. So geschieht, was man sich wünscht oder etwas viel Besseres – wie Naomi. Sie regte eine Gefühlsdimension in mir an, die mir viel mehr gefehlt hatte. Eben dafür sorgt Schicksal mit seinen weiseren Ratschlüssen. Naomi brachte viel Kindliches und einiges Kindische in unser Leben, das ebenfalls offensichtlich gefehlt hat, ohne dass wir es so recht bemerkten – beide eher frühreife Kinder, die schnell und meist vor der (normalen) Zeit gelernt haben, die sportliche und intellektuelle Trophäen errangen. Was hätte uns ein diesbezüglich ähnliches Kind schenken können? Naomi hat uns wirklich gefehlt. Das dankbar anzunehmen, fällt inzwischen auch ganz leicht. Es verlangt nur eine kleine Veränderung des Blickwinkels. Wir alle glauben, glücklich zu werden, wenn wir alles bekommen, was und wie wir es wollen. Schicksal kann uns beibringen, glücklich zu werden mit dem, was wir bekommen. Denn wer will, was er bekommt, ist schon gleich glücklich.

Betroffene Eltern haben eine so große Chance, das zu erkennen und darüber hinaus, wie ihre besonderen Kinder, darin allen Kindern ähnlich, Ausgleich ins Leben bringen, eben das, was fehlt – mit einer Tendenz, das Familiengefüge ins Gleichgewicht zu bringen. Oft wird wohl – wie bei uns – ein intellektuelles Übergewicht mit einem gefühlsbetonten Gegengewicht aufgefangen. Unsere besonderen Kinder können uns auch helfen, den Freundeskreis auf einen ehrlichen Stand zu reduzieren, eigene Leistungsansprüche zu relativieren, um wieder Wesentliches zu erkennen. Sie werden unser Vertrauen ins eigene Schicksal prüfen und zeigen, dass Leben letztlich nie planbar ist, sondern immer Geheimnis bleibt. Besondere Kinder stellen eine größere und ganz unvertraute Aufgabe dar, sie anzunehmen kann viel weiter bringen als die erwartete Aufgabe. Und das archaisch magische Weltbild eines Down-Kindes wird jede Familie und Gemeinschaft ver- und bezaubern, die sich darauf einlässt.

Geistige Behinderung, die meist auf intellektuelle Behinderung hinausläuft, kann so zur Chance werden, über intellektuelle Spiele hinauszuwachsen und in ältere und ursprünglichere Bereiche des Menschseins vorzustoßen.

Und manchmal können diese besonderen Kinder uns auch zeigen, wie sehr wir selbst behindert sind, ohne es zu bemerken. Das ist wohl auch der Grund, warum charakterschwache Menschen sie ablehnen und warum geistig noch viel schwerer Gestörte wie Nazis sie bekämpfen und sogar umbringen. Entwicklungsoffene Menschen spüren dagegen intuitiv die Chance, die sie uns bieten und so bereitwillig schenken. Christen könnten alle um ihre positive Besonderheit wissen, sagte doch unser Meister: „Selig sind die Armen im Geiste, denn ihrer ist das Himmelreich." Behinderte können uns beibringen, einfache und wesentliche Dinge mit Liebe statt mit Verstand zu tun. Sie selbst erlösen das Thema Einfalt durch ihre Nähe zur Einheit, was wir selbst mit noch so intensiven Exerzitien nur so mühsam schaffen.

Naomi zu beschreiben, ohne ihre besondere Situation medizinisch zu erklären, hieße, das Bild eines wundervollen Menschen zu zeichnen ohne Konkurrenzempfinden gegenüber anderen, ohne Ehrgeiz, frei davon, sich über andere zu erheben und besser sein zu wollen als ... Sie teilt bereitwillig, was sie hat, und denkt kaum in Kategorien von „mein" und „dein". Sie neigt dazu, ohne Hintergedanken zu geben, was sie hat, und sich zu nehmen, was sie braucht. Gefühle und Emotionen zeigt sie ohne Scheu bereitwillig und offen und freut sich herzerfrischend mit anderen mit. Sie ist bisher nicht aggressiv und verteidigt sich kaum gegen Aggression, sondern zieht sich lieber entschieden zurück. Sie hat noch nichts absichtlich zerstört, macht ganz wenig kaputt, ist sanft und liebt ihre Familie über alles. Dazu gehören selbstverständlich und problemlos auch die Oma und ihr Kindermädchen, die Sekretärin und ihre Katzen und Puppen. Sie hat Tiere gern und es kann kein Zweifel daran bestehen, dass auch Tiere sie mögen und mit ihr umgehen können. Selbst Duplo, ein sehr lebhaftes und im Umgang mit Erwachsenen leicht hinterhältiges Großpony, spürte ihre Zartheit, war mit ihr auf dem Rücken ausgesprochen und ganz untypisch zartfühlend. Naomi hat bisher von sich aus hauptsächlich Freude und tieferes Verständnis geschenkt.

Ohne die Zeit der Sorge in der Schwangerschaft oder während späterer Herzoperationen, hätte sie bisher überhaupt nur Sonnenschein verbreitet. Die Frage, sollen wir da wirklich um eines fraglichen und fragwürdigen Erfolges im Effizienz- und Leistungsbereich anfangen, pädagogisch einzugreifen, hat sich für uns längst entschieden.

ich liebe dich.

- STIFTUNG -

„LIEBE ist das
Alpha und Omega
des Universums.“

Novalis

Die Phänomene unserer heutigen Zeit wie Technologisierung, Individualisierung, Wettbewerb, Geschwindigkeit, Globalisierung und Entwurzelung verändern die Lebenssituation der Menschen grundlegend. Angesichts der zunehmenden Komplexität wachsen die Anforderungen an die Erkenntnisfähigkeit, die Flexibilität und die wirksame Potenzialentfaltung des Einzelnen. Viele Menschen sind verunsichert, benötigen Orientierung und Stabilisierung, um ihr Leben sinnerfüllt, erfolgreich und in glücklicher Balance zu leben. Gleichzeitig wissen wir heute so genau wie noch nie zuvor, was ein menschliches Leben benötigt, um zu erblühen. Die drängenden Fragen und die bereits existierenden Antworten müssen zusammengeführt werden.

Insbesondere Kinder und Jugendliche brauchen aufgrund dieser Entwicklungen geschützte und klare Felder, in denen sie lernen können, ihr Potential in Freude und selbstwirksam zu entfalten. Darüber hinaus brauchen sie eine weise Anleitung, wie sie Eigen- und Nächstenliebe kultivieren und bewusst teilen können.
Durch gezielte Maßnahmen und Projekte können individuelle Kreativität, Selbstliebe und Selbstachtung des Menschen nachhaltig gefördert und somit der einzelne und sein soziales Umfeld stabilisiert und gestärkt werden. Doch fehlen dazu häufig noch die notwendigen finanziellen Mittel bzw. die über die Mittel verfügen und die, die sich mit Herzblut und Kompetenz engagieren, finden noch nicht effektiv genug zusammen.

Vor diesem Hintergrund haben Andrea und Veit Lindau die gemeinnützige „ichliebedich" Stiftung als selbstständige Fördereinrichtung ins Leben gerufen, um interessierten Privatpersonen, Unternehmen und Organisationen die Möglichkeit zu sichtbarem und dauerhaftem Engagement zu geben.

Die Stiftung wird als Gemeinschaftseinrichtung auf- und ausgebaut, in der öffentliche und private mäzenatisch motivierte Investitionen in eine verantwortliche kultur- und gesundheitsfördernde Bildungsarbeit in Deutschland, Europa und weltweit getätigt werden können. Sie wird weltweit integrale Projekte der Potentialentfaltung und der Kultur des Mitgefühls fördern – besonders für Kinder und Jugendliche.

Wir fangen gerade an. Doch wer sich gerufen fühlt, unser Anliegen zu unterstützen – durch Know-How, Kontakte, Mitarbeit und finanzielle Zuwendungen – ist herzlich eingeladen, gemeinsam mit uns einen konkreten Beitrag für eine liebevolle Zukunft der Menschheit zu leisten.

Auf die Liebe!

www.ichliebedich-stiftung.de

Wenn du
all deine Liebe verschenkst,
was bleibt dann übrig?